Technologien für
Geschäftsprozesse

Thomas Allweyer

Technologien für Geschäftsprozesse

Bibliografische Information der Deutschen Nationalbibliothek:
Die Deutsche Nationalbibliothek verzeichnet diese Publikation in der Deutschen Nationalbibliografie; detaillierte bibliografische Daten sind im Internet über dnb.dnb.de abrufbar.

© 2023 Thomas Allweyer

Herstellung und Verlag: BoD – Books on Demand, Norderstedt

ISBN: 978-3-7578-2876-9

Inhalt

Vorwort

Fast jedes Unternehmen ist heute gezwungen, sich mit der Automatisierung seiner Geschäftsprozesse zu befassen. Neue, innovative Geschäftsmodelle erfordern durchgängig digitalisierte Abläufe. Und auch bestehende Prozesse können mit Hilfe einer verstärkten Automatisierung deutlich effizienter gestaltet werden.

Nicht von ungefähr ist das Interesse am Thema Prozessautomatisierung in den vergangenen Jahren deutlich gestiegen. So setzen viele Organisationen auf den Einsatz aktueller Technologien wie Process-Mining oder Robotic-Process-Automation (RPA).

Insgesamt existiert eine große Vielfalt an Konzepten und Schlagworten in diesem Bereich, die leider recht unübersichtlich ist. Zum einen gibt es zahlreiche unterschiedliche technologische Entwicklungen, die direkt oder indirekt mit Geschäftsprozessen zu tun haben. Zum anderen sind Softwareunternehmen und Marktanalysten recht kreativ bei der Erfindung neuer Begriffe und Produktkategorien.

Um jedoch entscheiden zu können, welcher Technologiemix für ein bestimmtes Unternehmen der richtige ist, muss man verstehen, welche Arten von Systemen es gibt, wie sie grundsätzlich funktionieren, wie sie sich voneinander unterscheiden und wie sie gegebenenfalls zusammenwirken können.

Als Rahmen zur Einordnung der besprochenen Technologien wird im ersten Kapitel zunächst ein Überblick gegeben, welche Aufgaben es beim Aufbau, der Ausführung und dem Management automatisierter Prozesse zu erfüllen gilt.

Im zweiten Kapitel werden drei wichtige Modellierungsstandards vorgestellt und hinsichtlich ihrer Rolle bei der Prozessautomatisierung diskutiert. Dabei handelt es sich um BPMN für die Prozessmodellierung, DMN zur Definition von Entscheidungsregeln und CMMN für die Modellierung einer flexiblen Fallbearbeitung.

Kapitel drei widmet sich den wichtigsten Technologien, die sich explizit auf Geschäftsprozesse beziehen. Dies beginnt mit Tools und Plattformen für die Dokumentation von Prozessen, für die Kommunikation und Zusammenarbeit beim Prozessmanagement und für prozessorientierte Dokumentationsstrukturen.

Für die Automatisierung durchgehender Ende-zu-Ende-Prozesse werden Business-Process-Management-Systeme (BPMS) eingesetzt. Kernstück eines solchen Systems ist eine Process-Engine, die Prozessabläufe auf Grundlage von Prozessmodellen steuert.

Enthält ein Prozess komplexe Entscheidungslogik, so kann es hilfreich sein, ein Decision-Management-System einzubinden.

Bei manchen Prozessen, wie z. B. der Bearbeitung eines juristischen Falls, steht der Ablauf im Vorhinein noch nicht genau fest. Vielmehr entscheidet die Person, die den Fall bearbeitet, jeweils über den nächsten Schritt. Eine solche flexible Fallbearbeitung kann durch ein Adaptive-Case-Management-System unterstützt werden.

Wenn es darum geht, Routineaufgaben zu automatisieren, kommt „Robotic-Process-Automation" (RPA) ins Spiel. Dabei ahmen Software-Bots menschliche Benutzerinnen und Benutzer nach, indem sie auf die grafischen Benutzungsoberflächen verschiedener IT-Systeme zugreifen und beispielsweise Daten von einer Webseite oder einem elektronischen Dokument in eine Anwendung übertragen.

Schließlich werden Systeme zum Process-Mining und zur Analyse des Prozessgeschehens besprochen. Diese Systeme extrahieren Daten aus den IT-Systemen, die bei der Durchführung von Prozessen genutzt werden. Aus diesen Daten rekonstruieren sie, wie die Prozesse im Detail abgelaufen sind. Diese gewonnenen Informationen können als Grundlage genutzt werden um die Prozesse zu analysieren und zu verbessern, aber auch – wenn die Daten in Echtzeit analysiert werden –während der Prozessdurchführung steuernd einzugreifen.

Das vierte Kapitel widmet sich Technologien und Systemen die zwar nicht speziell für Geschäftsprozesse entwickelt worden sind, aber dennoch oft eine Rolle im Zusammenhang mit den Prozessen spielen.

So kann sowohl Individualsoftware als auch Standardsoftware im Rahmen von Prozessen eingesetzt werden, beispielsweise zur Unterstützung der einzelnen Aktivitäten. Zum Teil steuern diese Systeme auch gewisse Abläufe, doch ist diese Ablauflogik oft hart einprogrammiert und kann somit nur mühsam geändert werden. Manche Standardsoftwaresysteme sind auch explizit auf die Steuerung bestimmter Arten von Prozessen ausgerichtet. Ein Beispiel hierfür sind Ticket-Systeme zur Abwicklung von Supportanfragen.

Da in Prozessen oftmals verschiedene IT-Systeme zusammenspielen, kann es auch nützlich sein, eine Integrationsplattform einzusetzen, wie z. B. einen Enterprise-Service-Bus (ESB). Eine solche Plattform unterstützt die Kommunikation zwischen verschiedenen Systemen, wandelt Daten in andere Formate um, usw.

Bei verteilten Architekturen, wie z. B. der Microservice-Architektur, kann eine Process-Engine das Zusammenspiel der verschiedenen Software-Services innerhalb von Prozessen steuern. Als Alternative zu einer übergreifenden, zentralen Process-Engine können leichtgewichtige Process-Engines innerhalb einzelner Microservices installiert werden. Dadurch wird eine möglichst große Unabhängigkeit der Microservices gewährleistet.

Auch die im Zusammenhang mit der Kryptowährung Bitcoin bekannte Technologie der Blockchain kann im Rahmen automatisierter Prozesse eingesetzt werden, etwa um bei unternehmensübergreifenden Geschäftsprozessen die durchgeführten Transaktionen unveränderbar zu protokollieren.

Im Gegensatz zur klassischen Programmierung werden Anwendungen beim Einsatz von Low-Code hauptsächlich mittels grafischer Modellierung und über Konfigurationsdialoge erstellt. Viele Low-Code-Plattformen bieten auch die Möglichkeit, Prozesse zu modellieren und mittels einer integrierten Process-Engine auszuführen. Der Übergang zwischen reinen Business-Process-Management-Systemen (BPMS) und Low-Code-Plattformen ist fließend.

Zum Abschluss des vierten Kapitels werden die verschiedenen Einsatzmöglichkeiten für Künstliche Intelligenz (KI) diskutiert. Diese kann an vielen Stellen im Prozessmanagement nützlich sein, sowohl bei der Prozessausführung, als auch bei der Analyse und Optimierung von Prozessen. Angesichts der rasanten Entwicklung ist zu erwarten, dass Künstliche Intelligenz künftig stark an Bedeutung für die Prozessautomatisierung gewinnen wird.

In Kapitel fünf geht es um die Auswahl und die geeignete Kombination der besprochenen Technologien. Als konkretes, praxiserprobtes Beispiel wird der von Volker Stiehl entwickelte Ansatz zur Entwicklung prozessgesteuerter Anwendungen vorgestellt. Als ein weiteres Beispiel wird der Einsatz von Prozesstechnologien im Zusammenhang mit unternehmensübergreifenden Prozessen diskutiert.

1 Aufgaben im Zusammenhang mit der Prozessautomatisierung

Als Grundlage für die Einordnung der verschiedenen Technologien wird die folgende Einteilung der wichtigsten Aufgaben verwendet, die im Zusammenhang mit der Prozessautomatisierung durchgeführt werden:

- Prozessdokumentation
- Prozessanalyse
- Prozessentwurf
- Prozessimplementierung
- Prozessplanung
- Prozesssteuerung
- Ausführung der Arbeitsschritte
- Prozesscontrolling
- Process-Governance

Hierbei handelt es sich nicht um abgeschlossene Phasen, die nacheinander durchgeführt werden. Vielmehr sind die genannten Aufgaben in vielfältiger Weise miteinander verzahnt. So werden etwa bei agilen Vorgehensweisen Analyse, Entwurf und Implementierung eng integriert. Dabei wird die Lösung schrittweise erweitert. Ebenso können Planung, Steuerung und Ausführung überlappen. Gegebenenfalls können auch direkt aus der Ausführung heraus Optimierungen am Entwurf und der Implementierung von Prozessen angestoßen werden.

Da der Fokus dieses Buchs auf technologischen Aspekten liegt, wird hier nicht auf die sonstigen Aufgaben des Prozessmanagements eingegangen, wie z. B. strategische und organisatorische Fragestellungen. Es sei aber darauf hingewiesen, dass ein wirksames Prozessmanagement unabdingbare Voraussetzung dafür ist, die im Zusammenhang mit Prozessautomatisierung erhofften Erfolge zu erzielen! Automatisiert man einen schlechten Prozess, so wird er dadurch noch lange nicht zu einem guten Prozess.

Einen Überblick über das gesamte Themengebiet des Geschäftsprozessmanagements bieten etwa [DuRo21], [Ga23] und [ScSe20].

Im Folgenden werden die oben aufgezählten Aufgabenbereiche zunächst unabhängig von konkreten Technologien beschrieben.

1.1 Prozessdokumentation

Die Prozessdokumentation umfasst die Beschreibung und Modellierung von Ist- und Sollprozessen, also von existierenden und von geplanten Prozessen. Soll beispielsweise der Prozess zur Bearbeitung von Reklamationen neugestaltet und automatisiert werden, so kann zunächst der aktuelle Stand beschrieben werden: Welche Schritte werden ausgeführt, wenn eine Reklamation im Unternehmen eingeht? Die Beschreibung kann ein Text oder ein grafisches Prozessmodell sein. Wobei grafische Modelle häufig mit Texten angereichert werden, die zusätzliche Details enthalten.

Wenn man sich überlegt hat, wie der Prozess künftig ablaufen soll, so kann man diesen Sollprozess wiederum entsprechend dokumentieren. Oft wird auch komplett auf die Dokumentation des Istprozesses verzichtet und nur der Sollprozess ausgearbeitet. Dies ist dann sinnvoll, wenn ein Prozess von Grund auf neu gestaltet oder überhaupt erst neu eingeführt werden soll.

Prozessdokumentationen können unter anderem folgenden Zwecken dienen:

- Grundlage für die Analyse von Abläufen
- Grundlage für die Automatisierung der Prozesse
- Nachweis für die Einhaltung von Compliance-Anforderungen
- Arbeitsanweisungen
- Schulungsmaterial für die am Prozess Beteiligten

1.2 Prozessanalyse

Bei der Prozessanalyse geht es darum, Probleme und ihre Ursachen zu aufzudecken und Verbesserungspotenzial zu identifizieren. Typische Beispiele für prozessbezogene Probleme sind:

- Zu niedrige Wertschöpfung
- Mangelhafte Ausrichtung auf die Unternehmensstrategie
- Schlechtes Kundenerlebnis
- Zu hohe Durchlaufzeiten
- Zu hohe Kosten
- Qualitätsprobleme
- Geringe Transparenz
- Mangelnde Einhaltung von Vorgaben und Regelwerken

Zu den typischen Ursachen zählen beispielsweise:

- Zu geringe Standardisierung der Prozesse
- Unklare Prozessverantwortung

- Organisationsbrüche in den Prozessen
- Medienbrüche in den Prozessen
- Unzureichende Kommunikation
- Mangelnde IT-Unterstützung und Automatisierung

Für die Analyse kann man sich einerseits mit der Prozessdefinition auseinandersetzen, d. h. der Beschreibung des prinzipiellen Ablaufs. Andererseits kann man Messungen und Untersuchungen der einzelnen Prozessdurchführungen oder Prozessinstanzen vornehmen.

So kann die Prozessdefinition des Reklamationsprozesses als grafisches Prozessmodell oder in Form eines beschreibenden Textes vorliegen. Jedes Mal, wenn eine Reklamation eingeht, wird der dokumentierte Prozess aufs Neue gestartet. Damit wird jeweils eine neue Prozessinstanz erstellt und durchgeführt (vgl. Abbildung 1).

Bei diesem Prozess könnte ein Problem darin bestehen, dass die Bearbeitung von Reklamationen zu lange dauert. Eine Analyse der Prozessdefinition könnte ergeben, dass zu viele unterschiedliche Mitarbeiterinnen und Mitarbeiter beteiligt sind oder dass es zu viele zeitaufwändige Schleifen im Prozessablauf gibt. Zusätzlich zur Prozessdefinition könnte man auch die einzelnen Prozessinstanzen untersuchen, um festzustellen, in welchen Fällen es besonders lange gedauert hat und woran dies jeweils gelegen hat.

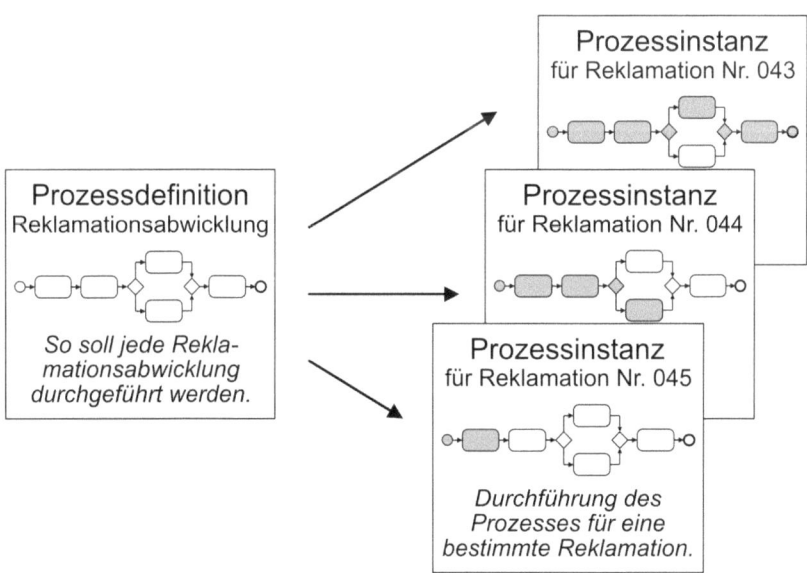

Abbildung 1: Prozessdefinition und Prozessinstanzen

1.3   Prozessentwurf

Zum Prozessentwurf gehört es einerseits, Verbesserungen für vorhandene Prozesse auszuarbeiten. Andererseits werden auch ganz neue Prozesse entwickelt.

So könnte man die Zuständigkeiten im Reklamationsprozess ändern, so dass weniger unterschiedliche Beteiligte mit einer Reklamation befasst sind. Für Reklamationen geringwertiger Güter könnte man Prüfschritte entfallen lassen. Oder man automatisiert Prüfschritte, etwa mit Hilfe Künstlicher Intelligenz.

Insbesondere im Zusammenhang mit neuen, digitalen Geschäftsmodellen werden vielfach komplett neue, meist hochgradig automatisierte Prozesse entwickelt. Beispielsweise könnte ein Möbelhersteller seinen Kundinnen und Kunden ermöglichen, ihre Möbel selbst zu designen. Hierfür muss ein neuer Prozess entworfen werden, der unter anderem das Designen der Möbel, eine automatische Machbarkeitsprüfung, die Produktion und den Versand umfassen könnte.

1.4   Prozessimplementierung

Die Prozessimplementierung umfasst die Entwicklung, Einführung und Konfiguration von IT-Systemen. Dabei handelt es sich zum einen um Systeme, die für die Planung, die Steuerung und das Controlling der Prozesse eingesetzt werden. Zum anderen geht es auch um Software, die zur Ausführung einzelner Arbeitsschritte innerhalb von Prozessen verwendet wird. Die unterschiedlichen Arten von Systemen, die hierbei genutzt werden können, werden in den Kapiteln drei und vier ausführlich beschrieben.

Neben den IT-Systemen gehören zur erfolgreichen Umsetzung neuer oder geänderter Geschäftsprozesse noch zahlreiche andere Aspekte, wie z. B.

- Anpassen der Aufbauorganisation
- Veränderte Verantwortlichkeiten und Zuständigkeiten
- Neue Arbeitsanweisungen
- Schulungen der Beteiligten zu den neuen Abläufen

Eine erfolgreiche Prozessautomatisierung ist nur möglich, wenn passende organisatorischen Maßnahmen und Veränderungen erfolgen (vgl. Abbildung 2).

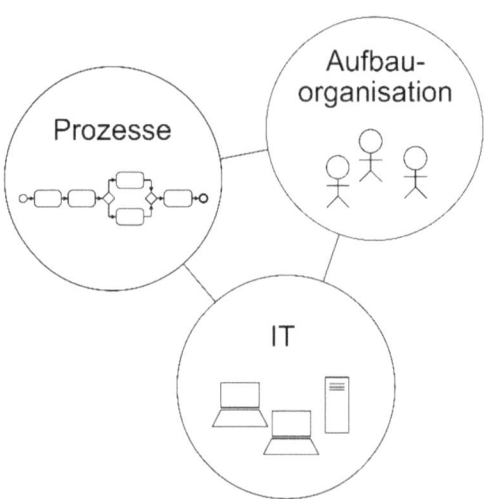

Abbildung 2: Prozesse, Aufbauorganisation und IT müssen aufeinander abgestimmt sein.

Oben wurde für das Beispiel des Reklamationsprozesses vorgeschlagen, Zuständigkeiten zu ändern und Prüfschritte entfallen zu lassen. Hierüber müssen die Beteiligten informiert werden. Eventuell sind auch Schulungen notwendig. Möglicherweise bekommen manche Mitarbeiterinnen oder Mitarbeiter andere Aufgabengebiete, oder die Teams werden anders zusammengestellt, um den Reklamationsprozess und weitere Prozesse möglichst optimal durchführen zu können.

Weiterhin wurde vorgeschlagen, Prüfschritte zu automatisieren. Diese Automatisierung muss nun implementiert werden. Falls es hierfür geeignete Standardsoftwareprodukte gibt, kann eines davon ausgewählt, installiert und entsprechend konfiguriert werden. Ansonsten muss die entsprechende Funktionalität neu entwickelt werden.

Die mit der Automatisierung einhergehenden Änderungen der Abläufe und Arbeitsinhalte erfordern wiederum organisatorische Maßnahmen.

1.5   Prozessplanung

Für die Durchführung der implementierten Prozesse ist es in manchen Fällen erforderlich, eine Planung vorzunehmen und festzulegen, wer wann welche Arbeitsschritte durchführt und welche Maschinen oder anderen Hilfsmitteln dabei verwendet werden (vgl. Abbildung 3).

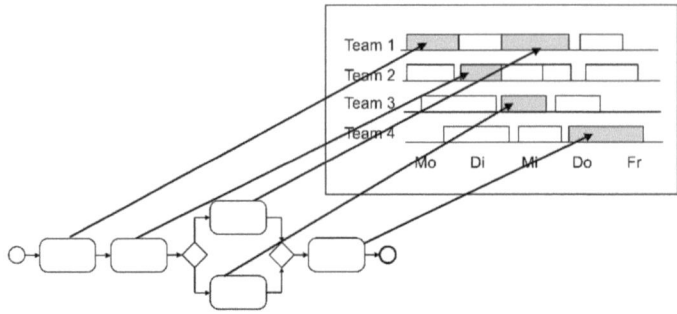

Abbildung 3: Zeitliche und organisatorische Einplanung der Aktivitäten einer Prozessinstanz

Ein einfacher Reklamationsprozess benötigt eventuell keine Planung. Es werden einfach alle eingegangenen Reklamationen nacheinander abgearbeitet. Anders sieht es etwa bei einem Maschinenbauunternehmen aus, bei dem reklamierte Maschinen vor Ort beim Kunden begutachtet werden müssen. Hierfür ist es erforderlich, Termine mit den entsprechenden Expertinnen und Experten abzustimmen.

1.6 Prozesssteuerung

Zur Prozesssteuerung gehört es, den jeweils nächsten Arbeitsschritt zu ermitteln und dessen Ausführung anzustoßen. Entweder wird die zuständige Mitarbeiterin bzw. der zuständige Mitarbeiter über die durchzuführende Aufgabe informiert, oder es wird eine entsprechende IT-Funktion aufgerufen. Grundlage für die Steuerung ist die im Rahmen des Entwurfs erstellte Prozessdefinition und ggf. die zeitliche Planung der Prozessinstanz.

Im Falle der Reklamationsbearbeitung kann die Steuerung beispielsweise darin bestehen, dass alle Beteiligten die Vorgänge jeweils an die nächsten Zuständigen weitergeben. Alternativ kann die Weiterleitung durch ein IT-System erfolgen.

1.7 Ausführung der Arbeitsschritte

Schließlich erfolgt die Ausführung der einzelnen Arbeitsschritte. Manche werden vollständig manuell durchgeführt. Andere werden von Mitarbeiterinnen oder Mitarbeitern erledigt, die dabei IT-Systeme nutzen. Wieder andere Arbeitsschritte erfolgen vollständig automatisiert – entweder als reine IT-Funktionen oder durch computergesteuerte Maschinen, Roboter und Ähnliches (vgl. Abbildung 4).

| Manuell | Mensch mit IT-Unterstützung | Automatisierte IT-Funktion | Automatisiert mit computergesteuerten Maschinen |

Abbildung 4: Verschiedene Möglichkeiten zur Ausführung der Arbeitsschritte innerhalb eines Prozesses

So könnten neu eingehende Reklamationen von einer Mitarbeiterin oder einem Mitarbeiter in einem Anwendungssystem erfasst werden. Die Überprüfung des reklamierten Produkts erfolgt möglicherweise komplett manuell. Ein Arbeitsschritt zur Information der Kundinnen und Kunden per E-Mail könnte hingegen komplett automatisiert ablaufen.

1.8 Prozesscontrolling

Zum Controlling der Geschäftsprozesse gehören die Erfassung und Auswertung des Prozessgeschehens. So können etwa die durchgeführten Prozessinstanzen mit ihrem genauen Verlauf und den verarbeiteten Daten ermittelt werden. Hieraus lassen sich verschiedene Kennzahlen berechnen (vgl. Abbildung 5).

Häufig beziehen sich derartige Auswertungen auf zeitliche Entwicklungen der Vergangenheit. Wertet man die aktuell laufenden Prozessinstanzen hingegen in Echtzeit aus, so kann man beispielsweise auftretende Probleme sehr frühzeitig erkennen und rasch darauf reagieren.

Die Ergebnisse des Prozesscontrollings bilden eine wichtige Grundlage für die oben beschriebene Analyse der Prozesse.

Im Beispiel des Reklamationsbearbeitungsprozesses sollten nicht nur die Reklamationen in einem Anwendungssystem erfasst, sondern auch die zugehörigen Zeitpunkte gespeichert werden. So kann man automatisch festhalten, wann eine Reklamation erfasst wurde, wann die Kundin bzw. der Kunde über das Ergebnis informiert wurde, usw. Daraus lassen sich dann beispielsweise die Durchlaufzeiten der Prozessinstanzen ermitteln.

Viele Systeme speichern sowieso die Zeitpunkte, an denen Datensätze angelegt oder verändert wurden. Man muss sie dann noch den entsprechenden Prozessinstanzen zuordnen. Aber auch andere Informationen können interessant sein, wie z. B. die Person, die eine Aktivität durchgeführt hat.

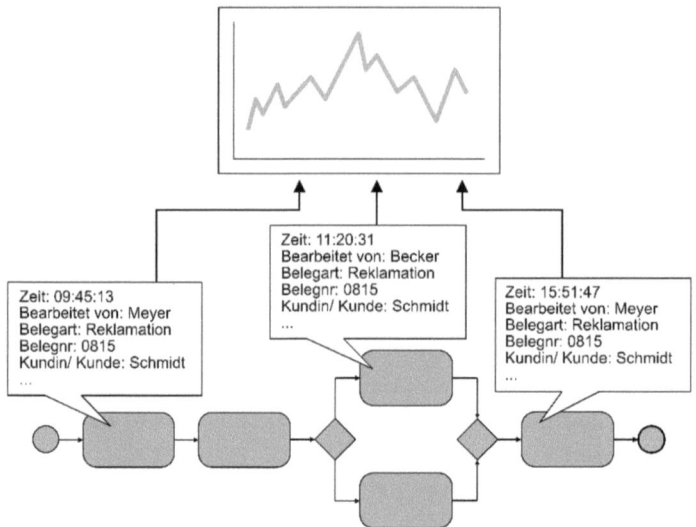

Abbildung 5: Aus den Daten der durchgeführten Prozessinstanzen werden Kennzahlen ermittelt.

Werden derartige Informationen nicht automatisch gespeichert, so sind entsprechende Auswertungen ziemlich schwierig. Man kann sich in dem Beispiel etwa damit behelfen, dass die Beteiligten eine Zeit lang zu den einzelnen Reklamationen die entsprechenden Zeitpunkte notieren. Auf diese Weise erhält man zumindest Stichproben.

Typische Prozesskennzahlen sind neben Durchlaufzeiten beispielsweise Termintreue, Kosten, Fehlerquoten, Störungen und bearbeitete Mengen.

1.9 Process-Governance

Die Process-Governance stellt einen Rahmen für den verantwortungsvollen Umgang mit den Prozessen bereit. Dieser beinhaltet insbesondere:

- Einheitliche Vorgehensweisen
- Dokumentationsrichtlinien
- Verantwortlichkeiten
- Management der Risiken
- Compliance (Einhaltung von Gesetzen und sonstigen Vorgaben sicherstellen)
- Überprüfung der Wirksamkeit und Ordnungsmäßigkeit

Insbesondere in stark regulierten Branchen, wie z. B. der Finanz- oder der Pharmaindustrie, ist das Thema Compliance sehr wichtig. Die Firmen müssen ihre Prozesse so gestalten, dass sämtliche gesetzlichen Vorgaben eingehalten werden. Und dies müssen sie auch nachweisen können. Neben der Prozessdokumentation, die vorgibt, wie ein Prozess laufen *soll*, sind auch Aufzeichnungen darüber erforderlich, wie der Prozesse tatsächlich abgelaufen *ist* – inklusive sämtlicher wichtigen Daten, Messwerte, etc.

1.10 Unterschiedliche Ausgestaltung der Aufgaben

Die im vorangehenden Abschnitt beschriebenen Aufgaben können in der Praxis ganz unterschiedlich ausgestaltet sein. Auch werden einige dieser Aufgaben in manchen Unternehmen gar nicht wahrgenommen.

Vielerorts gibt es historisch gewachsene Prozesse, die nicht gezielt gestaltet wurden. Die am Prozess Beteiligten kennen ihre jeweiligen Aufgaben, da sie sie oftmals schon jahrelang durchführen. Sie wissen, an wen sie Informationen und Arbeitsergebnisse weitergeben müssen. Aber niemand hat einen genauen Überblick über den Gesamtprozess.

In einer solchen Situation werden Prozesse weder dokumentiert, noch analysiert oder systematisch entworfen, und es findet auch kein Prozesscontrolling statt. Meist gibt es Anwendungssysteme, die für einzelne Arbeitsschritte oder Teilprozesse genutzt werden. Allerdings achteten die Entwicklerinnen und Entwickler dieser Systeme nicht gezielt auf eine durchgängige Prozessunterstützung.

In einem solchen Fall müssen zunächst die Voraussetzungen geschaffen werden. Hierzu sind die vorhandenen Prozesse zu identifizieren, zu analysieren und zu verbessern. Erst dann kann man sie erfolgreich automatisieren. Oder aber es werden komplett neue, von Vornherein hochgradig automatisierte Prozesse entwickelt. Auch hierbei müssen die organisatorischen Rahmenbedingungen und das Zusammenspiel mit den bereits vorhandenen Prozessen untersucht werden.

Wie die oben genannten prozessbezogenen Aufgaben ausgestaltet werden, hängt auch stark von den Eigenschaften der Prozesse ab. So lassen sich manche Prozesse, wie etwa der Bestellprozess bei einer Online-Handelsplattform, gut strukturieren, standardisieren und sehr weitgehend automatisieren.

Andere Prozesse sind hingegen sehr individuell. Ein Prozess zur Entwicklung und Durchführung einer Werbekampagne lässt sich beispielsweise nicht in ein einfaches Standardprozessmodell pressen, das jeden Schritt detailliert vorschreibt. Derartige Prozesse laufen jedes Mal ein wenig anders ab. Die beteiligten Personen beurteilen die Situation und entscheiden mit Hilfe ihres Wissens und ihrer Erfahrung, wie sie genau vorgehen und welche Aktivitäten sie wie durchführen.

In solchen Fällen werden mehrere der prozessbezogenen Aufgaben integriert durchgeführt. Zwar werden im Vorfeld eine Reihe von Vorgaben zum prinzipiellen Ablauf gemacht, doch fallen viele Entscheidungen erst während der Prozessdurchführung, z. B. wie weiter vorgegangen wird, wer welche Aktivitäten übernimmt, usw. Insofern werden hier Aufgaben des Prozessentwurfs, der Prozessimplementierung und der Prozesssteuerung während der Prozessausführung wahrgenommen.

Schließlich kann auch bereits während der Prozessdurchführung auf Ergebnisse des Prozesscontrollings reagiert werden, wenn z. B. Kennzahlen von ihren Sollwerten abweichen. Beispiel: Es wird ein individuelles Angebot für eine komplexe Maschine erstellt. Währenddessen merkt man, dass die Gefahr besteht, eine für die Angebotsabgabe festgelegte Maximaldauer zu überschreiten. Dann kann man steuernd eingreifen, indem man beispielsweise Aktivitäten weniger stark ausgelasteten Mitarbeiterinnen und Mitarbeitern zuweist. Oder man ändert den vorgesehenen Ablauf. So könnte man Prüfschritte, die normalerweise erst ganz zum Schluss erfolgen, bereits parallel zu anderen Aktivitäten durchführen.

Wie überall in der IT setzen sich auch im Bereich der Prozessautomatisierung immer stärker agile Vorgehensweisen durch. Sie sind durch kurze Iterationszyklen und die häufige Fertigstellung lauffähiger Systeme gekennzeichnet. Im Rahmen dieser kurzen Iterationen ist es erforderlich, auch die prozessbezogenen Aufgaben eng miteinander zu verzahnen. Anstelle umfangreicher Dokumentationen und Analysen der Istprozesse ist es beispielsweise auch möglich, kleinere Veränderungen direkt umzusetzen und auszuprobieren. Hat eine Änderung Vorteile gebracht, so wird sie beibehalten. Ansonsten wird sie rückgängig gemacht. Da es sich um kleine Änderungen handelt, ist dies nicht sehr schwierig.

Für eine grundlegende Umgestaltung von Ende-zu-Ende-Prozessen wird man andererseits nicht komplett auf vorangehende, etwas umfangreichere Analysen verzichten können.

Für Projekte zur Prozessautomatisierung spielen letztlich meist alle der oben aufgeführten prozessbezogenen Aufgaben eine Rolle – auch wenn sie ganz unterschiedlich realisiert und zum Teil eng miteinander verflochten werden. Dies ist für die Beurteilung der im vorliegenden Buch beschriebenen Konzepte und Technologien von Bedeutung. Sollen sie für bestimmte Bereiche eingesetzt werden, sind ggf. bestimmte Voraussetzungen zu beachten. So gibt es beispielsweise Systeme zur Ausführung von Prozessen, bei denen die Abläufe im Vorfeld möglichst detailliert festgelegt werden müssen. Andere Systeme hingegen unterstützen etwa die flexible Anpassung der Prozesse während der Durchführung.

Manche Systeme verbinden wiederum verschiedene Themengebiete miteinander. So gibt es Ansätze, bei denen die Ergebnisse des Prozesscontrollings dazu verwendet werden, automatisch Prozessverbesserungen abzuleiten. Hier werden also Prozesscontrolling und Prozessentwurf integriert.

2 Standards

Speziell für die Prozessautomatisierung wurden drei Standards entwickelt:

- BPMN („Business Process Model and Notation") für die Modellierung ausführbarer Geschäftsprozesse,
- DMN („Decision Model and Notation") zur Spezifikation von Entscheidungsregeln,
- CMMN („Case Management Model and Notation") zur Modellierung von schwach strukturierten Abläufen zur Bearbeitung individueller Fälle.

Diese Standards ergänzen sich gegenseitig und können gemeinsam eingesetzt werden. Ist etwa in einem mit BPMN modellierten Prozess eine Entscheidung zu treffen, so können die betreffenden Regeln mit DMN dokumentiert werden. Ebenso kann man BPMN- und CMMN-Modelle miteinander verbinden, wenn ein Teil eines Prozesses stark strukturiert ist, und ein anderer Teil sehr individuell abläuft.

Von den drei Standards wird BPMN wohl am häufigsten eingesetzt und von den meisten Tools unterstützt. Auch DMN gewinnt zunehmende Akzeptanz in der Praxis. CMMN hingegen hat bislang noch keine so große Verbreitung gefunden. Entsprechend findet man auch weniger Tools, die CMMN nutzen.

2.1 BPMN

BPMN ist zunächst eine grafische Notation zur Modellierung von Geschäftsprozessen. Abbildung 6 zeigt ein BPMN-Modell eines ganz einfachen Prozesses. Es beinhaltet ein Startereignis, die nacheinander durchgeführten Aktivitäten, Verzweigungen und unterschiedliche Endereignisse. Die Aktivitäten sind in drei horizontalen Bahnen angeordnet, mit denen in diesem Beispiel die jeweils ausführende Rolle angegeben wird.

BPMN ist für die Prozessautomatisierung deshalb so interessant, weil die Modelle mit Hilfe von Business-Process-Management-Systemen ausgeführt werden können (vgl. Abschnitt 3.3). So kann man das Modell aus Abbildung 6 verwenden, um die Steuerung dieses Prozesses zu automatisieren. Eine Process-Engine leitet den Vorgang jeweils an die im Modell angegebene nächste Person weiter. Diese kann dann die anstehende Aufgabe mit Hilfe eines Benutzerdialogs bearbeiten, bevor der Vorgang erneut automatisch an die richtige Stelle weitergeleitet wird. Neben Aufgaben, die von Menschen bearbeitet werden, können im Prozess auch komplett automatisierte Arbeitsschritte aufgerufen werden.

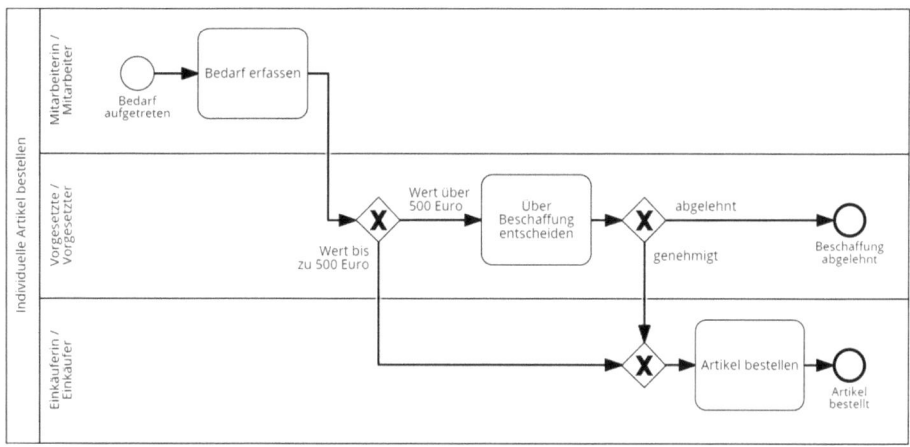

Abbildung 6: Einfaches BPMN-Diagramm

Im BPMN-Standard ist eine sogenannte Ausführungssemantik festgelegt. Diese definiert genau, wie die verschiedenen Elemente eines BPMN-Diagramms ausgeführt werden müssen. Dies hat den Vorteil, dass BPM-Systeme verschiedener Hersteller BPMN-Modelle weitgehend auf dieselbe Weise ausführen.

Da für den Export von BPMN-Modellen zudem ein einheitliches Dateiformat existiert, lassen sich die Prozessmodelle auch zwischen unterschiedlichen Systemen austauschen. Allerdings müssen für die Ausführung von BPMN-Modellen noch weitere Inhalte festgelegt werden, wie z. B. verwendete Daten, Benutzungsdialoge und Regeln. Diese zusätzlichen Inhalte sind nicht im BPMN-Standard enthalten und werden von verschiedenen Systeme unterschiedlich gehandhabt. Daher ist der Wechsel auf ein anderes System meist doch nicht ganz so einfach.

Sehr nützlich für die Ausführung sind auch die spezielleren Konstrukte der BPMN. So gibt es beispielsweise zahlreiche unterschiedliche Typen von Ereignissen, die in einem Prozess auftreten können. Es kann etwa eine Frist abgelaufen, eine Nachricht von einem anderen Prozess eingetroffen oder ein Fehler aufgetreten sein. Auch ist es möglich, eine Aktivität durch einen Unterprozess näher zu beschreiben oder festzulegen, wie bei einem erforderlichen Abbruch die Rückabwicklung bereits durchgeführter Aktivitäten erfolgt.

In dem Prozessmodell in Abbildung 7 sind einige speziellere Elemente verwendet worden. Dazu gehören die Nachrichten, die der Prozess mit einem Partnerunternehmen austauscht. Außerdem sieht man wie auf verschiedene Ereignisse reagiert werden kann. So führt in dem Beispiel eine eintreffende Stornierung dazu, dass die Planung des Auftrags und die gesamte weitere Abwicklung abgebrochen werden.

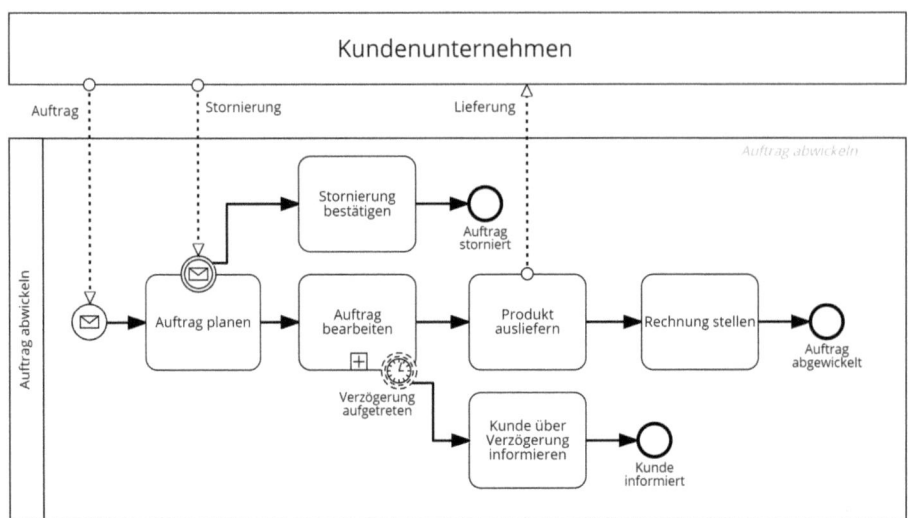

Abbildung 7: BPMN-Diagramm mit spezielleren Konstrukten

Tritt bei der Bearbeitung des Auftrags eine Verzögerung auf, so wird das Kundenunternehmen informiert (z. B. telefonisch). Zugleich wird die Bearbeitung fortgesetzt.

Die Tabellen 1 und 2 geben einen Überblick über die Einsatzmöglichkeiten der BPMN für die verschiedenen Aufgabenbereiche im Zusammenhang mit der Prozessautomatisierung. Die zweite Spalte enthält eine Bewertung, wie nützlich die BPMN für den jeweiligen Aufgabenbereich ist und wie häufig sie dafür eingesetzt wird.

Für eine umfassende Darstellung der Notation wird auf [Al20a] verwiesen.

24

Aufgabenbereich		Erläuterung
Prozess-dokumentation	++	BPMN ist ein weit verbreiteter ISO-Standard für die Prozessmodellierung.
Prozessanalyse	++	Die Nutzung einer Standardnotation hilft bei der einheitlichen Darstellung, Interpretation und Analyse von Modellen der Istprozesse. BPMN-Modelle werden auch zur Visualisierung von Analyseergebnissen verwendet, z. B. aus dem Process-Mining (siehe Abschnitt 3.7). So können etwa unterschiedlich häufig durchlaufene Pfade verschieden dick dargestellt werden.
Prozessentwurf	++	Die Nutzung einer Standardnotation hilft bei der Erstellung einheitlicher Sollprozessmodelle. Ein standardisiertes Dateiformat erleichtert den Austausch von Modellen zwischen fachlich orientierten Modellierungstools und Systemen zur Prozessausführung. Ausführbare BPMN-Modelle können getestet werden, indem man sie von einer Process-Engine ausführen lässt.
Prozess-implemen-tierung	++	Es gibt zahlreiche Process-Engines, die BPMN-Modelle direkt ausführen können. Der BPMN-Standard definiert hierfür eine Ausführungssemantik, so dass BPMN-Modelle von unterschiedlichen Process-Engines einheitlich ausgeführt werden. BPMN-Modelle stellen somit bereits einen wesentlichen Teil der Implementierung dar.
Prozess-planung	-	
Prozess-steuerung	++	Mit BPMN-Modellen wird definiert, wie eine Process-Engine die Prozessausführung steuert.

Legende: ++ Zentrales Einsatzgebiet des Standards
+ Leistet einen Beitrag zu dem Aufgabenbereich, es ist aber nicht der Schwerpunkt.
- Kein wesentlicher Beitrag zu diesem Aufgabenbereich

Tabelle 1: Typische Einsatzbereiche für BPMN (Teil 1)

Aufgabenbereich		Erläuterung
Ausführung der Arbeitsschritte	-	Prinzipiell lässt sich auch die Ablauflogik der Teil-schritte bei der Ausführung eines einzelnen Arbeits-schrittes mit Hilfe von BPMN modellieren. Viele der häufig für diese Aufgabe eingesetzten RPA-Tools (vgl. Abschnitt 3.6) verwenden hierfür jedoch eigene Notationen.
Prozess-controlling	+	Manche Process-Engines bieten die Möglichkeit, den aktuellen Bearbeitungsstand einzelner oder mehrerer Prozessinstanzen in das BPMN-Modell einzublenden und so das aktuelle Prozessgeschehen zu überwachen. Auch werden BPMN-Modelle zur Visualisierung von Prozesskennzahlen verwendet, z. B. indem Kennzah-len bei den einzelnen Aktivitäten eingeblendet oder Aktivitäten entsprechend verschiedenen Kennzahlen-bereichen unterschiedlich eingefärbt werden.
Process-Governance	+	Die Nutzung von BPMN unterstützt die einheitliche Dokumentation der Prozesse.

Legende: ++ Zentrales Einsatzgebiet des Standards
+ Leistet einen Beitrag zu dem Aufgabenbereich, es ist aber nicht der Schwerpunkt.
- Kein wesentlicher Beitrag zu diesem Aufgabenbereich

Tabelle 2: Typische Einsatzbereiche für BPMN (Teil 2)

2.2 DMN

Mit Hilfe von DMN („Decision Model and Notation") kann man Entscheidungslogik beschreiben. Dabei handelt es sich um Regeln, die angewandt werden, um Ergebnisse zu ermitteln, die zu Entscheidungen führen. In ganz einfachen Fällen kann
man solche Regeln direkt an die Verzweigungen in einem BPMN-Diagramm notieren. So enthält das Prozessmodell in Abbildung 6 die Regel, dass bei Beschaffungen
mit einem Wert von über 500 € die oder der Vorgesetzte entscheiden muss.

Hat man es dagegen mit komplexen Regelwerken zu tun, wäre es sehr umständlich,
diese in das Prozessmodell aufzunehmen. Als Beispiel wird der Prozessausschnitt
in Abbildung 8 betrachtet. In diesem Prozess soll eine Störungsmeldung unterschiedlich behandelt werden – je nachdem wie kritisch die Störung ist und welchen
Service-Level der Kunde bestellt hat. Anstatt hierfür mehrere Verzweigungen hin-
tereinander zu modellieren oder komplexe Bedingungen an jeden verzweigenden
Ast zu schreiben, wurde ein Arbeitsschritt oder Task „Über Behandlung entscheiden" modelliert, der dafür zuständig ist, die zutreffende Behandlung zu ermitteln.

Das Symbol in der linken oberen Ecke des Arbeitsschrittes kennzeichnet ihn als Geschäftsregeltask. Die auszuführenden Regeln können mit Hilfe von DMN notiert
werden.

Hierbei wird eine Kombination aus Diagrammen und Entscheidungstabellen eingesetzt. Das Diagramm in Abbildung 9 zeigt, was für die Entscheidung über die Behandlung der Störungsmeldung erforderlich ist: Zum einen liefert ein „Service-
Level-Agreement" benötigte Input-Daten. Zum anderen wird das Ergebnis einer

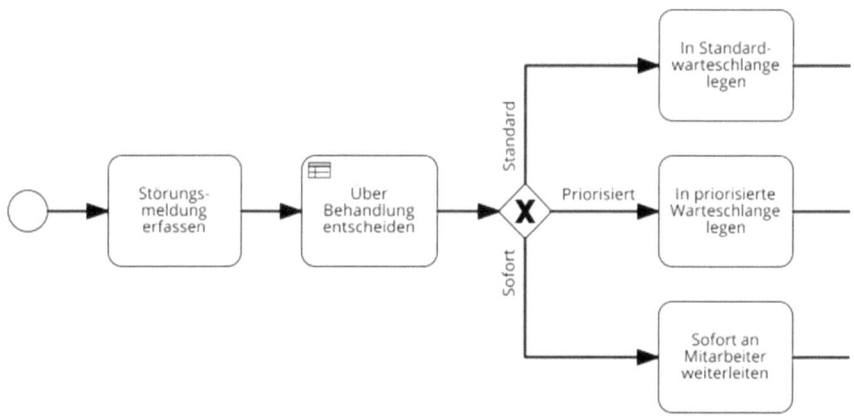

Abbildung 8: BPMN-Diagramm mit Geschäftsregeltask

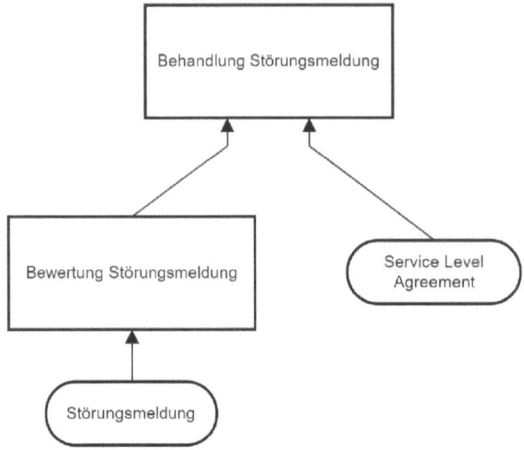

Abbildung 9: Einfaches DMN-Diagramm

weiteren Entscheidung genutzt („Bewertung Störungsmeldung"). Diese vorangehende Entscheidung verwendet die Störungsmeldung als Input-Daten.

Die für eine Entscheidung anzuwendenden Regeln werden in Form einer Entscheidungstabelle dargestellt. So geht aus der Tabelle in Abbildung 10 unter anderem
hervor, dass eine als „unkritisch" bewertete Störungsmeldung immer eine Stan-
dardbehandlung erfährt. Ist die Bewertung hingegen „mittel" oder „kritisch", so
hängt es vom vereinbarten Service-Level ab, wie die Störungsmeldung behandelt
wird.

Für die vorangehende Entscheidung, „Bewertung Störungsmeldung", kann ebenfalls eine Entscheidungstabelle erstellt werden.

Behandlung Störungsmeldung	**Hit Policy:** Unique ⌄	
When	**And**	**Then**
Bewertung	Service Level ➕	Behandlung ➕
"Unkritisch","Mittel","Kritisch"	"Basis","Erweitert"	"Standard","Priorisiert","Sofort"
1	"Unkritisch"	-	"Standard"
2	"Mittel"	"Basis"	"Standard"
3	"Mittel"	"Erweitert"	"Priorisiert"
4	"Kritisch"	"Basis"	"Priorisiert"
5	"Kritisch"	"Erweitert"	"Sofort"

Abbildung 10: DMN-Entscheidungstabelle

28

Jedes Mal, wenn in dem Prozess aus Abbildung 8 der Task „Über Behandlung ent-scheiden" aufgerufen wird, wird zunächst mit Hilfe der – hier nicht dargestellten – Entscheidungstabelle „Bewertung Störungsmeldung" ermittelt, wie kritisch die Störung ist. Anschließend wird die Entscheidungstabelle aus Abbildung 10 für die Behandlung der Störung ausgewertet.

DMN ist ein recht umfassender Standard, mit dem sehr ausgefeilte Regelwerke erstellt werden können. Neben den Diagrammen und Entscheidungstabellen gehört dazu auch die Sprache FEEL („Friendly Enough Expression Language"), mit der man Berechnungen und andere Ausdrücke formulieren und in den Entscheidungstabellen nutzen kann. Eine ausführliche Darstellung der DMN findet sich in [Si18].

In DMN formulierte Regelwerke können mit Hilfe einer sogenannten Decision-Engine automatisch ausgeführt werden. Hierzu übergibt man der Decision-Engine die benötigten Eingabewerte und erhält das Ergebnis zurück. Häufig sind Decision-Engines und Process-Engines in einer Plattform integriert. Dann kann die Regelausführung direkt aus einem Prozess heraus angestoßen werden. Das Ergebnis kann dann im weiteren Prozessverlauf genutzt werden. So bestimmt in Abbildung 8 das Ergebnis der Regelausführung, welcher Ausgang an der anschließenden Verzweigung gewählt wird.

Die Tabellen 3 und 4 fassen die Einsatzmöglichkeiten der DMN für die Prozessautomatisierung zusammen. Zwar beziehen sich DMN-Modelle als solche sich nicht direkt auf Prozesse, doch bieten sie eine wesentliche Ergänzung für Prozesse, in denen komplexe Entscheidungslogik benötigt wird.

Aufgabenbereich		*Erläuterung*
Prozess-dokumentation	+	Mit DMN kann man zwar keine Abläufe modellieren, doch kann man Entscheidungslogik darstellen, die in den Prozessen genutzt wird. Insofern lassen sich BPMN-Prozessmodelle um Entscheidungsregeln ergänzen, was insbesondere nützlich ist, wenn es sich um komplexe Regeln handelt.
Prozessanalyse	-	

Legende: ++ Zentrales Einsatzgebiet des Standards
+ Leistet einen Beitrag zu dem Aufgabenbereich, es ist aber nicht der Schwerpunkt.
- Kein wesentlicher Beitrag zu diesem Aufgabenbereich

Tabelle 3: Typische Einsatzbereiche für DMN (Teil 1)

Aufgabenbereich		Erläuterung
Prozessentwurf	+	Die Nutzung einer Standardnotation für Regeln hilft bei der Spezifikation von Entscheidungslogik.
Prozess-implemen-tierung	++	Es gibt eine Reihe von Decision-Engines, die DMN-Modelle direkt ausführen können. Der Standard definiert hierfür eine Ausführungssemantik, so dass DMN-Modelle von unterschiedlichen Engines einheitlich ausgeführt werden. DMN-Modelle stellen daher bereits die Implementierung von Entscheidungsregeln dar und ergänzen somit ausführbare BPMN-Prozessmodelle.
Prozess-planung	-	
Prozess-steuerung	++	Die der Steuerung durch eine Process-Engine zugrunde liegende Entscheidungslogik, z. B. zur Auswahl unterschiedlicher Pfade, kann in Form von DMN-Modellen in einheitlicher Form spezifiziert werden.
Ausführung der Arbeitsschritte	+	Wenn bei der Ausführung von Arbeitsschritten komplexe Entscheidungslogik angewandt werden muss, kann diese in Form von DMN-Modellen spezifiziert und von einer Decision-Engine ausgeführt werden.
Prozess-controlling	-	
Process-Governance	+	Liegen die Regeln in Form von DMN vor, so kann man leichter überprüfen, ob sie korrekt formuliert und implementiert sind. Man kann die Entscheidungslogik auch prüfen, indem man sie von einer Decision-Engine ausführen lässt.

Legende: ++ Zentrales Einsatzgebiet des Standards
          + Leistet einen Beitrag zu dem Aufgabenbereich, es ist aber nicht der Schwerpunkt.
          - Kein wesentlicher Beitrag zu diesem Aufgabenbereich

Tabelle 4: Typische Einsatzbereiche für DMN (Teil 2)

2.3 CMMN

Mit BPMN-Modellen bestimmt man meist recht genau, in welchen Reihenfolgen die Aktivitäten eines Prozesses ausgeführt werden können (vgl. Abbildung 11, links). Für viele Prozesse lässt sich dies jedoch im Voraus gar nicht so eindeutig festlegen.

So folgen etwa medizinische Behandlungen keinen genau festgelegten Abläufen. Vielmehr entscheidet eine Ärztin oder ein Arzt jeweils aufgrund der Diagnose darüber, welche Schritte als nächstes durchgeführt werden. Es hängt also vom jeweiligen Fall ab, ob bestimmte weitere Untersuchungen, Behandlungen oder Verschreibungen von Medikamenten erfolgen.

Ebenso wenig kann man die Aufklärung eines Kriminalfalls in einen genau vordefinierten Ablauf pressen. Die an der Ermittlung Beteiligten müssen aufgrund ihrer gewonnenen Erkenntnisse individuell entscheiden, was als nächstes zu tun ist.

Dennoch sind auch in solchen Fällen Regeln zu beachten. Zum Beispiel müssen vor operativen Eingriffen bestimmte Untersuchungen erfolgen, und die Patientinnen und Patienten müssen aufgeklärt werden und ihre Zustimmung erteilen.

Bei solchen Fallbearbeitungen, wie sie z. B. auch bei der Bewilligung von Krediten, bei der Schadensregulierung von Versicherungen oder bei Reparaturfällen auftreten, ist es erstens erforderlich, den Beteiligten alle notwendigen Informationen zu dem Fall bereitzustellen. Zweitens müssen sie die Möglichkeit haben, aus sämtlichen möglichen Aktionen die gewünschte auswählen zu können. Und drittens sollte das verwendete Informationssystem sicherstellen, dass alle Regeln eingehalten werden (vgl. Abbildung 11, rechts).

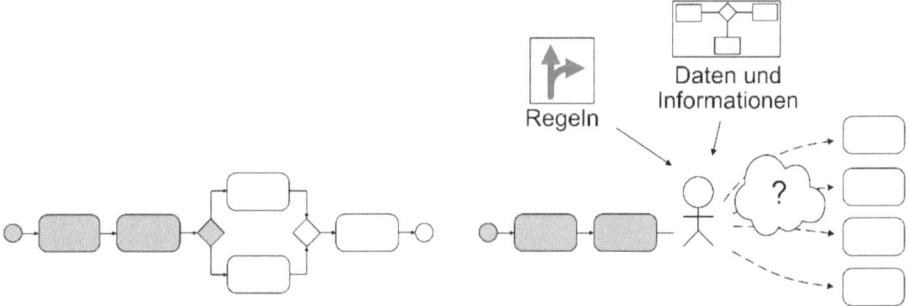

Vordefinierte Reihenfolge mit genau festgelegten Verzweigungsmöglichkeiten

Individuelle Entscheidung über den weiteren Verlauf – auf Basis der jeweiligen Situation

Abbildung 11: Stark strukturierter Prozess (links) und schwach strukturierte Fallbearbeitung (rechts)

Derartige Fälle können mit Hilfe von CMMN („Case Management Model and Notation") beschrieben werden. Wie ein BPMN-Diagramm enthält auch ein CMMN-Diagramm Aktivitäten. Allerdings sind diese zumeist nicht miteinander verbunden, da keine festgelegte Reihenfolge existiert. Stattdessen entscheiden die Beteiligten darüber, ob und wann sie welche Aktivitäten durchführen.

Aber es kann durchaus Abhängigkeiten geben, z. B. dass eine bestimmte Aktivität erst gestartet werden kann, wenn eine andere Aktivität abgeschlossen ist oder wenn ein definierter Meilenstein erreicht ist. Auch können manche Aktivitäten verpflichtend sein. Und es gibt Aktivitäten, die mehrfach durchgeführt werden können. Zudem kann man modellieren, wie reagiert wird, wenn während der Fallbearbeitung bestimmte Ereignisse auftreten.

Abbildung 12 illustriert die Verwendung einiger CMMN-Symbole an einem vereinfachten Beispiel aus dem medizinischen Bereich (in Anlehnung an [KiHe17]).

Wird eine Physiotherapie veranlasst, so tritt der Fall in die Phase „Behandlung" ein. In dieser Phase stehen den Beteiligten insgesamt vier Aktivitäten zur Verfügung. Manche davon sind mit einer Raute versehen und können daher mehrfach durchgeführt werden. Die gestrichelt gezeichnete Aktivität wird nur bei Bedarf ausgeführt. Bei „Tägliche Visite durchführen" handelt es sich um einen Case-Task, der selbst noch einmal durch ein eigenes Fall-Modell beschrieben ist.

Tritt während der Fallbearbeitung das von einer Benutzerin oder einem Benutzer ausgelöste Ereignis „Behandlung abgeschlossen" ein, so wird ein Entlassungsbrief geschrieben und der gesamte Fall wird beendet.

Die Daten, die zu einem Fall gehören, können ebenfalls grafisch dargestellt werden, wenn dies gewünscht ist. Als Beispiel wurde das Informationsobjekt „Entlassungsbrief" modelliert.

Es wird deutlich, dass es zwar gewisse Abhängigkeiten gibt, aber keine grundsätzliche Reihenfolge für alle Aktivitäten vorgegeben ist. So können die Aktivitäten der Phase „Behandlung" erst durchgeführt werden, wenn „Physiotherapie veranlassen" abgeschlossen ist. Innerhalb dieser Phase ist aber nicht vorgeschrieben, welche Aktivitäten wann und in welcher Reihenfolge durchgeführt werden. Dies wird von den Beteiligten selbst entschieden oder durch eine Planung bestimmt. In dem Beispiel wurde etwa festgelegt, dass die Visite täglich durchgeführt wird.

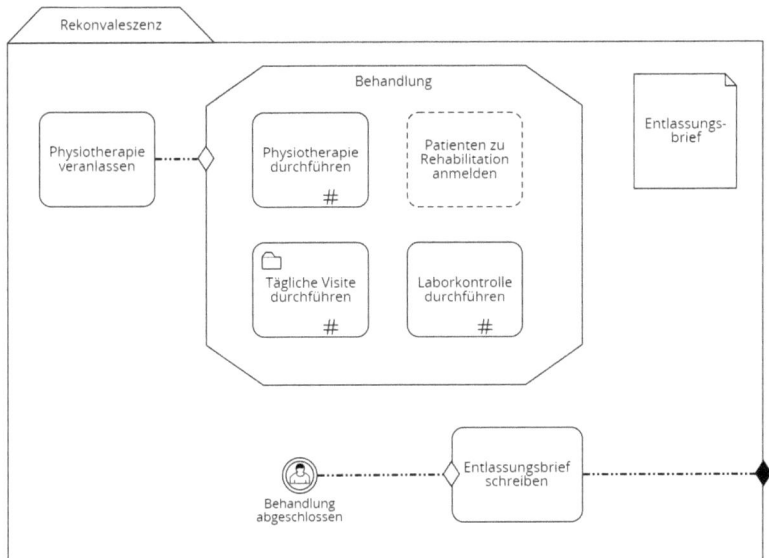

Abbildung 12: CMMN-Diagramm (in Anlehnung an [KiHe17])

Die in dem Beispiel verwendeten Symbole stellen nur einen Ausschnitt aus der kompletten Notation dar. Eine ausführliche Beschreibung des gesamten CMMN-Umfangs bietet [Si20].

In Tabelle 5 sind die typischen Einsatzbereiche für CMMN aufgelistet. CMMN fokussiert auf den Teilbereich der schwach strukturierten, individualisierten Prozesse und dabei auf detaillierte Beschreibungen, die sich zur Ausführung durch ein Adaptive-Case-Management-System eignen (vgl. Abschnitt 3.5).

Wie bereits erwähnt wird CMMN bislang weniger häufig eingesetzt als BPMN und DMN. Dies dürfte damit zu tun haben, dass CMMN-Diagramme auf den ersten Blick weniger intuitiv verständlich sind und CMMN einen höheren Einarbeitungsaufwand erfordert. Auch werden manche Informationen, die für das Verständnis wichtig sind (z. B. Bedingungen), nicht im grafischen Modell dargestellt (vgl. [RüFr19], S. 10). Andererseits lassen sich manche Sachverhalte im Zusammenhang mit der Fallbearbeitung besser darstellen als mit BPMN.

Aufgabenbereich		Erläuterung
Prozess-dokumentation	+	Mit CMMN lassen sich schwach strukturierte Prozesse dokumentieren, für die im Voraus keine feste Ablaufreihenfolge festgelegt werden kann.
Prozessanalyse	-	
Prozessentwurf	+	Die Nutzung einer Standardnotation hilft bei der Spezifikation von schwach strukturierten Prozessen. In CMMN modellierte Fallbearbeitungen können getestet werden, indem man sie von einem Adaptive-Case-Management-System ausführen lässt.
Prozess-implementierung	++	Es gibt Adaptive-Case-Management-Systeme, die CMMN-Modelle direkt ausführen können. Die durch den Standard festgelegte Ausführungssemantik sorgt dafür, dass unterschiedliche Engines CMMN-Modelle einheitlich ausführen – auch im Zusammenspiel mit der Ausführung von BPMN-Modellen.
Prozess-planung	-	
Prozess-steuerung	++	Die von einem Adaptive-Case-Management-System vorgenommene Steuerung wird durch CMMN-Modelle definiert.
Ausführung der Arbeitsschritte	-	
Prozess-controlling	-	
Process-Governance	+	Die Nutzung von CMMN unterstützt die einheitliche Dokumentation schwach strukturierter Prozesse.

Legende: ++ Zentrales Einsatzgebiet des Standards
   +   Leistet einen Beitrag zu dem Aufgabenbereich, es ist aber nicht der Schwerpunkt
   -   Kein wesentlicher Beitrag zu diesem Aufgabenbereich

Tabelle 5: Typische Einsatzbereiche für CMMN

2.4 Weitere Standards

Die beschriebenen Standards werden von ihrem Herausgeber, dem Industriekonsortium Object Management Group (OMG), weiterentwickelt. Derzeit wird unter anderem daran gearbeitet, das Zusammenspiel der drei Standards zu verbessern.

Hierfür wurden einige weitere Standards entwickelt, unter anderem BKPMN („BPM+ Knowledge Package and Notation") zur Übersichtsdarstellung von Szenarien, in denen BPMN-, CMMN- und DMN-Modelle miteinander verknüpft sind.

Ein weiterer Standard, SDMN („Shared Data Model and Notation"), dient zur einheitlichen und übergreifenden Modellierung von Informations- und Datenstrukturen, die in den verschiedenen anderen Diagrammtypen genutzt werden können.

Inwieweit sich diese und weitere neue prozessbezogene Standards in der Praxis durchsetzen werden, lässt sich derzeit noch nicht abschätzen.

3 Prozessbezogene Technologien

3.1 Prozessmodellierung und -analyse

3.1.1 Erstellung integrierter Modelle

Prozessmodellierungstools ermöglichen unter anderem die grafische Abbildung von Abläufen, beispielsweise als BPMN-Modelle. Anders als eine reine Grafiksoftware stellt ein Prozessmodellierungstool die Einhaltung wesentlicher Regeln sicher. Beispielsweise kann man nur die Symbole miteinander verbinden, bei denen dies sinnvoll ist. Teilweise kann man im Sinne einer einheitlichen Modellierung auch eigene Modellierungskonventionen aufstellen und automatisch durch das Tool überprüfen lassen.

Die grafischen Symbole können mit verschiedenen Angaben versehen werden, z. B. mit Beschreibungen oder Kennzahlen.

Meist ist es möglich, die Prozessmodelle mit anderen Arten von Modellen zu verknüpfen, beispielsweise mit Organigrammen, Datenmodellen oder IT-Landschaften. Jedes dieser Modelle bietet eine unterschiedliche Sicht auf den betrachteten Ausschnitt des Unternehmens. Durch ihre Verknüpfung entsteht eine integrierte Beschreibung der Unternehmensarchitektur, und es lässt sich beispielsweise herausfinden, welche Organisationseinheiten an welchen Prozessen beteiligt sind, oder welche Prozesse von einer Änderung in einem Anwendungssystem betroffen sind.

Zudem lassen sich Modelle hierarchisch gliedern. Ausgehend von der groben Gliederung einer Prozesslandkarte kann man nach und nach zu immer detaillierten Prozessmodellen gelangen.

In der mittleren Spalte von Abbildung 13 ist eine mögliche Hierarchisierung von Prozessmodellen dargestellt. Auf der obersten Ebene ist der grobe Ablauf als Wertschöpfungskette modelliert. Den Aktivitäten dieser Wertschöpfungskette können BPMN-Diagramme hinterlegt sein, die die detaillierten Abläufe innerhalb der betreffenden Aktivitäten darstellen. Auch einzelne BPMN-Aktivitäten können durch weitere BPMN-Diagramme näher beschrieben sein. Die rechte Spalte zeigt eine Verfeinerung grober Datenobjekte durch ausführlichere Datenmodelle.

Weiterhin sind mögliche Verknüpfungen zwischen den unterschiedlichen Modellierungssichten angedeutet. Bei den dargestellten Sichten handelt es sich nur um Beispiele. Als weitere Sicht könnte etwa die oben angesprochene IT-Landschaft hin-

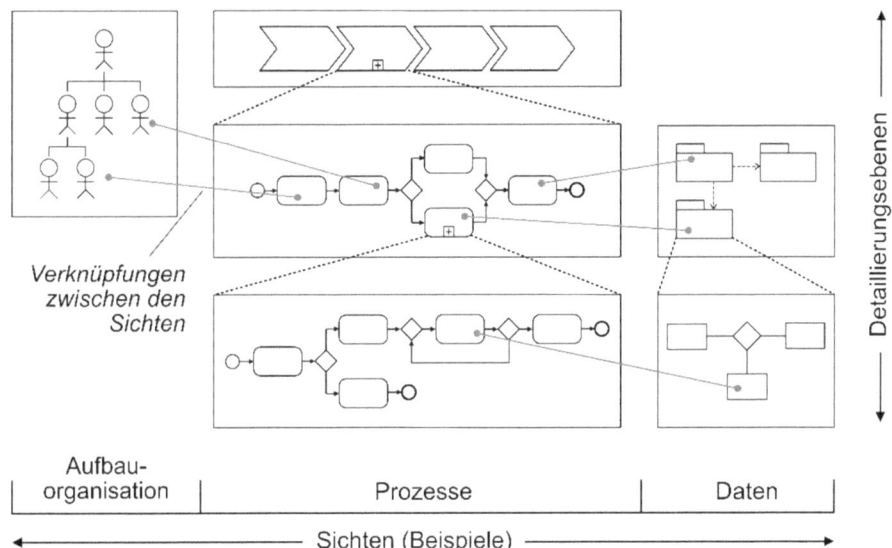

Abbildung 13: Hierarchische Modelle mit Verknüpfungen zu anderen Modellierungssichten

zukommen, aber auch z. B. eine Risikosicht, in der die zu berücksichtigenden Risiken und Gegenmaßnahmen strukturiert werden. Werden sie mit den Prozessen verknüpft, lassen sich unter anderem prozessbezogene Risikoanalysen durchführen.

Wenn es darum geht, die Prozesse möglichst kundenorientiert zu gestalten, werden die nacheinander erfolgenden Kontakte zwischen den Kundinnen bzw. Kunden und dem Unternehmen in Form von Customer-Journey-Maps abgebildet. Diese werden mit den Modellen der Prozesse verknüpft, die für ein möglichst optimales Kundenerlebnis sorgen sollen.

Abbildung 14 zeigt einen Ausschnitt aus einer Customer-Journey-Map mit einigen typischen Inhalten. Die Aktionen, die die Kundinnen und Kunden durchführen, sind in Phasen eingeteilt. Zu jeder Aktion ist der jeweilige Berührungspunkt mit dem Unternehmen aufgeführt. Die unterschiedlichen Erfahrungen, die die Kundinnen und Kunden an dem jeweiligen Berührungspunkt machen, ändert ihre Stimmung. Oft werden hierzu noch verschiedene „Schmerzpunkte" vermerkt, also Faktoren, die dazu beitragen, dass die Erfahrungen als negativ empfunden werden.

In Abbildung 14 sind zudem Verbindungen zu den Prozessen enthalten, in denen die betreffenden Interaktionen stattfinden. Dies ist hilfreich, wenn die Ursachen für negative Erfahrungen gefunden und Verbesserungen entwickelt werden sollen. Eine Einführung in Customer-Journeys gibt [Ke22].

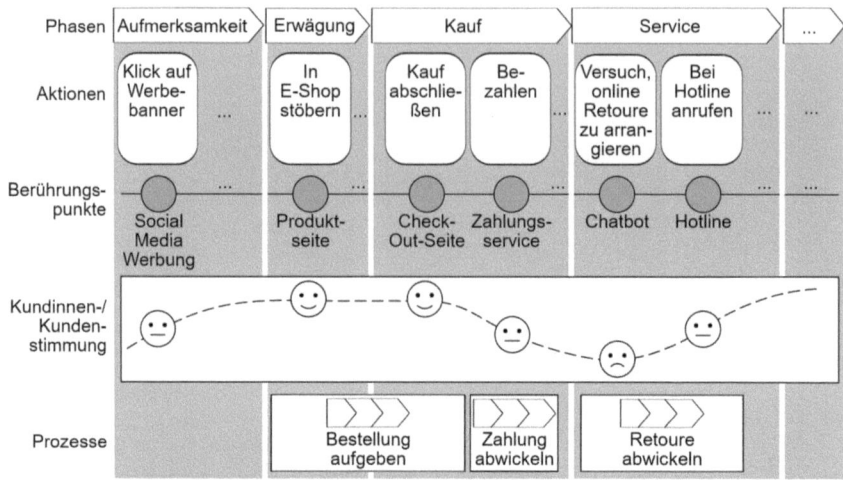

Abbildung 14: Ausschnitt aus einer Customer-Journey-Map

Insgesamt können bei der Arbeit mit den Prozessen sehr umfangreiche Modell-Landschaften entstehen. Prozessmodellierungswerkzeuge unterstützen einen dabei mit Features wie Suchfunktionen, der Verwaltung unterschiedlicher Modellversionen, dem Vergleich verschiedener Modellvarianten und vielen mehr.

3.1.2 Analysen und Prozesskostenrechnung

Die miteinander verknüpften und mit verschiedenen Informationen angereicherten Modelle lassen sich auf vielfältige Weise analysieren. So kann man verschiedene Arten von Reports erzeugen. Beispielsweise enthalten Prozesssteckbriefe die jeweilige Modellgrafik und alle wichtigen Informationen zu einzelnen Prozessen. Ein anderes Beispiel ist ein Report, der alle prozessbezogenen Risiken aufführt.

Zum Teil können Reports und Analysen auch individuell konfiguriert oder programmiert werden. So generieren manche Unternehmen aus den Prozessmodellen spezielle Dokumentationen, wie sie für Qualitätsmanagement-Audits und ähnliche Überprüfungen erforderlich sind.

Mit einigen Tools kann man auch Prozesskostenrechnungen durchführen. Hierzu müssen zunächst zahlreiche Informationen ermittelt und im Tool erfasst werden, wie z. B. die Häufigkeiten, mit denen einzelne Aktivitäten durchgeführt werden, ihre durchschnittlichen Bearbeitungsdauern, die verwendeten Ressourcen mit ihren Kostensätzen usw. Daraus kann dann beispielsweise errechnet werden, wie teuer die einmalige Durchführung eines bestimmten Prozesses im Durchschnitt ist.

3.1.3 Simulation

Ein weiteres Analyseverfahren, das manche dieser Werkzeuge anbieten, ist die dynamische Prozess-Simulation. Die Grundidee besteht darin, eine große Zahl von Prozessdurchführungen automatisch durchzuspielen und auf diese Weise zu ermitteln, wie sich die Durchlaufzeiten entwickeln, oder an welchen Stellen sich „Flaschenhälse" bilden, an denen sich Vorgänge stauen. Wenn man das Prozessmodell verändert und eine neue Simulation durchführt, kann man feststellen, ob die Änderung zu Verbesserungen geführt hat.

Voraussetzung für eine aussagekräftige Simulation ist eine gute Datenbasis. So muss man z. B. für eine Auftragsbearbeitung ermitteln, wie oft und mit welcher statistischen zeitlichen Verteilung neue Aufträge eingehen. Nur wenn die entsprechenden statistischen Verteilungen hinreichend gut mit der Realität übereinstimmen, lassen sich aus den Simulationsergebnissen verlässliche Aussagen über das tatsächlich zu erwartende Verhalten eines geplanten Prozesses gewinnen.

Mit herkömmlichen Mitteln ist es recht aufwändig, die erforderlichen Daten hinreichend genau zu ermitteln. Daher werden dynamische Simulationen vergleichsweise selten durchgeführt, wenn ausschließlich mit einem Prozessmodellierungs- und -analysetool gearbeitet wird. Setzt man hingegen Process-Analytics-Verfahren ein, bei denen Daten aus real durchgeführten Prozessen automatisiert erhoben werden, so verursachen Simulationen weniger zusätzlichen Aufwand (vgl. Abschnitt 3.7.8).

Hingegen enthalten typische Prozessmodellierungswerkzeuge meist nur Analyseverfahren, bei denen die Modelle und die hinterlegten Informationen ausgewertet werden, d. h. sie unterstützen keine Messungen des tatsächlichen Prozessgeschehens.

3.1.4 Fachliche Modelle zur Spezifikation von Anforderungen an die IT-Unterstützung

Bei der überwiegenden Zahl aller Prozessmodelle dürfte es sich um fachliche Beschreibungen der Prozesse und ihres Umfeldes handeln. Sie sind noch weitgehend unabhängig von konkreten softwaretechnischen Implementierungen. Oftmals erstrecken sich die modellierten Prozesse über mehrere IT-Systeme hinweg und umfassen auch manuelle Aktivitäten.

Im Zusammenhang mit IT-Projekten werden die zu unterstützenden Prozesse vielfach soweit detailliert, dass die Modelle als Teil der Anforderungsspezifikation für die Softwareentwicklung genutzt werden können. Über Schnittstellen lassen sich zudem BPMN-Modelle in die Modellierungskomponenten von Business-Process-

Management-Systemen (BPMS) übertragen wo sie um technische Details erweitert und zur Ausführung gebracht werden können (siehe Abschnitt 3.3).

In Abschnitt 5.1 wird ein Konzept zur Entwicklung prozessgesteuerter Anwendungen vorgestellt, das auf ausführbaren Prozessmodellen basiert. Es enthält einen konkreten Ansatz zur gemeinsamen Modellentwicklung durch Fachbereiche und IT.

3.1.5 Einsatzbereiche

Die Tabellen 6 und 7 geben einen Überblick über die Beiträge, die Prozessmodellierungswerkzeuge zu den unterschiedlichen Aufgabenbereichen im Zusammenhang mit der Prozessautomatisierung leisten können.

Aufgabenbereich		Erläuterung
Prozess-dokumentation	++	Dies ist der typische Einsatzschwerpunkt für Prozessmodellierungswerkzeuge.
Prozessanalyse	++	Häufig sind verschiedene Analysefunktionen integriert, z. B. zur statischen Analyse, zur Prozesskostenrechnung, zur Risikobewertung oder zur dynamischen Simulation. Durch die Verknüpfung mit weiteren Modellierungs-Sichten (wie Daten, Aufbauorganisation etc.) können auch diese Aspekte in die Analyse mit einbezogen werden. Die Modellinhalte können auf verschiedene Weise dargestellt und mit Hilfe vorgegebener oder selbst definierter Reports ausgegeben werden. Hierdurch können unterschiedliche Informationsbedarfe erfüllt werden.
Prozess-entwurf	+	Vielfach können unterschiedliche Modellversionen erstellt und Prozessmodelle verglichen werden. Damit lassen sich z. B. verschiedene mögliche Sollprozesse miteinander und mit den Istprozessen vergleichen.

Legende: ++ Zentrales Einsatzgebiet der Technologie
        +   Leistet einen Beitrag zu dem Aufgabenbereich, es ist aber nicht der Schwerpunkt.
        -   Kein wesentlicher Beitrag zu diesem Aufgabenbereich

Tabelle 6: Typische Einsatzbereiche für Tools zur Prozessmodellierung und -analyse (Teil 1)

Aufgabenbereich		Erläuterung
Prozess-implemen-tierung	+	Über Import- und Exportschnittstellen können Prozessmodelle mit BPM-Systemen ausgetauscht werden. Geeignete Darstellungen und Exporte verschiedener weiterer Informationen (wie Organisation, Rollen oder Daten) dienen als weitere Grundlagen für die Implementierung.
Prozess-planung	-	
Prozess-steuerung	-	
Ausführung der Arbeitsschritte	-	
Prozess-controlling	-	
Process-Governance	+	Prozessmodellierungswerkzeuge unterstützen die korrekte und einheitliche Anwendung von Modellierungsnotationen und -richtlinien. Z. T. kann man die Modelle daraufhin analysieren, ob verschiedene Governance-Vorgaben eingehalten sind.

Legende: ++ Zentrales Einsatzgebiet der Technologie
           + Leistet einen Beitrag zu dem Aufgabenbereich, es ist aber nicht der Schwerpunkt.
           - Kein wesentlicher Beitrag zu diesem Aufgabenbereich

Tabelle 7: Typische Einsatzbereiche für Tools zur Prozessmodellierung und -analyse (Teil 2)

3.2 Kollaboratives Prozessmanagement und Process-Governance

3.2.1 Gemeinsames Modellieren und Diskutieren

Oft sind Prozessmodellierungswerkzeuge, wie sie im vorangehenden Abschnitt beschrieben wurden, in umfassendere Prozessmanagement-Plattformen integriert.

Ein wesentlicher Vorteil einer solchen Plattform besteht darin, dass mehrere Modelliererinnen und Modellierer zusammenarbeiten können. Hierfür wird zum einen der gemeinsame Zugriff auf Modelle ermöglicht. Zum anderen wird die modellbezogene Kommunikation unterstützt. Beispielsweise kann man Kommentare und Änderungsvorschläge zu Modellen oder auch zu einzelnen Modell-Elementen eintragen. Die Person, die ein Modell erstellt hat, wird über eingegangene Beiträge benachrichtigt und kann diese beantworten, Änderungsvorschläge in das Modell einarbeiten, usw.

Während reine Modellierungswerkzeuge fast nur von Modellierungsexpertinnen und -experten genutzt werden, bieten Prozessmanagement-Plattformen die Möglichkeit, die Modelle mit ihren Verknüpfungen und hinterlegten Informationen zu veröffentlichen und beispielsweise im Intranet allen Mitarbeiterinnen und Mitarbeitern zugänglich zu machen. Derartige Prozessportale bieten komfortable Navigationsmöglichkeiten, Suchfunktionen u. ä. und lassen sich unternehmensindividuell anpassen.

Zudem kann man die oben beschriebenen Kommunikationsmechanismen allen Benutzerinnen und Benutzern zur Verfügung stellen. Im Gegensatz zu den Modelliererinnen und Modellierern haben andere Personen nicht die Möglichkeit, Modelle zu bearbeiten. Aber sie können mit geringem Aufwand auf Fehler oder Probleme hinweisen, Verbesserungsvorschläge machen, usw. Dies kann z. B. erfolgen, indem man einfach auf eine Stelle in einem Modell klickt, worauf sich ein Eingabefeld öffnet, in das man einen Kommentar eingeben kann.

3.2.2 Prozessorientierte Dokumentationsstruktur

Nicht zuletzt lassen sich zu den veröffentlichten Modellen und auch zu einzelnen Modell-Elementen Dokumente hinterlegen, wie z. B. Arbeitsanweisungen, Anleitungen oder zu beachtende Regelungen. Auf diese Weise entsteht eine prozessorientierte Dokumentationsstruktur.

Insbesondere in stark regulierten Branchen wie der Pharmaindustrie, in denen genaue Prozessdokumentationen verpflichtend sind, haben viele Firmen in der Vergangenheit umfangreiche Sammlungen an Ordnern mit Papierdokumenten erstellt.

Elektronische, mit den Prozessmodellen integrierte Dokumentationssysteme sind wesentlich effizienter.

Sowohl für die veröffentlichten Dokumente als auch für die verschiedenen Modelle muss sichergestellt werden, dass sie aktuell, korrekt und gültig sind. Da die beschriebenen Plattformen eine wichtige Rolle für die Process-Governance spielen, verfügen sie in der Regel über ein Berechtigungskonzept, ein Versionsmanagement sowie konfigurierbare Workflows, mit denen neu erstellte oder geänderte Prozesse geprüft, freigegeben, veröffentlicht und archiviert werden können.

Soweit die Plattform nicht auch für die hinterlegten Dokumente entsprechende Funktionen bietet, kann es erforderlich sein, ein geeignetes Dokumentenmanagement-System zu integrieren (vgl. hierzu auch Abschnitt 4.2.3).

3.2.3 Integrierte Management-Systeme

Die beschriebene prozessorientierte Dokumentationsstruktur eignet sich hervorragend als Grundlage für ein integriertes Management-System. In der Vergangenheit wurden häufig separate Dokumentationen für Qualitätsmanagement, Risikomanagement, Umweltmanagement, Arbeitsschutzmanagement, Datenschutzmanagement usw. aufgebaut. Ein integriertes Management-System bündelt hingegen die Dokumentationen und Regelungen zu all diesen Themen in einem einzigen System.

Die Prozessdokumentation bildet hierfür die gemeinsame Grundlage. Dabei werden den Prozessen Informationen zur Qualität, zu Risiken, zum Umweltschutz usw. hinterlegt. Über die Plattform lassen sich dann unterschiedliche Sichten auf die Prozesse erzeugen, bei denen jeweils die Informationen dargestellt werden, die für ein bestimmtes Thema relevant sind (vgl. Abbildung 15).

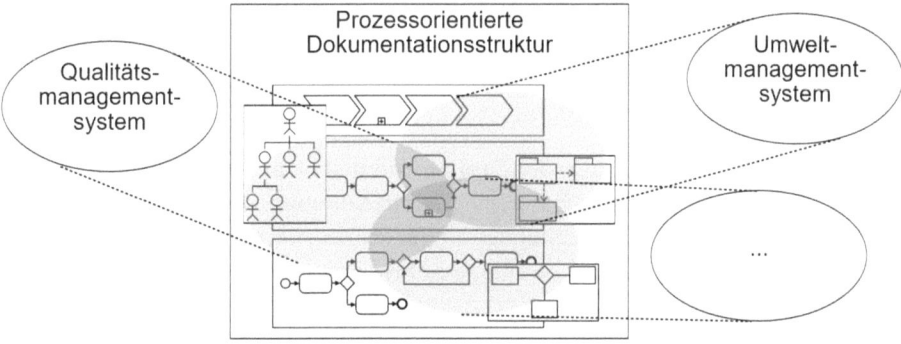

Abbildung 15: Verschiedene Management-Systeme als Sichten auf eine gemeinsame, prozessorientierte Dokumentationsstruktur

Nicht zuletzt können die Modelle auch Verlinkungen zu den IT-Systemen enthalten, mit denen die Prozesse ausgeführt oder unterstützt werden. So kann man aus der Plattform heraus direkt zu den jeweiligen Systemen und deren Dokumentation gelangen.

3.2.4 Einsatzbereiche

Die Tabellen 8 und 9 fassen die typischen Einsatzbereiche für die beschriebenen Plattformen zusammen. Dabei ist die Abgrenzung zu den Prozessmodellierungswerkzeugen nicht ganz trennscharf, da deren Funktionalitäten häufig Bestandteil von Prozessmanagement-Plattformen sind.

Aufgabenbereich		Erläuterung
Prozess-dokumentation	++	Häufig ist ein Prozessmodellierungswerkzeug in die Plattform integriert. Zudem können Informationen und Dokumente hinterlegt werden.
		Die Plattform erlaubt die zielgruppengerechte Veröffentlichung der Prozessdokumentation. Die integrierten Kommunikationsmöglichkeiten erlauben es, auch die Prozessbeteiligten einzubeziehen, damit diese z. B. auf Fehler in Modellen hinweisen können.
Prozessanalyse	+	Die integrierten Kommunikationsmöglichkeiten unterstützen die Zusammenarbeit bei der Prozessanalyse und die Einbeziehung der Prozessbeteiligten, die z. B. auf Probleme der bestehenden Prozesse hinweisen können.
		Zum Teil sind Analysefunktionalitäten von Modellierungswerkzeugen enthalten.
Prozessentwurf	+	Auch die Zusammenarbeit beim Prozessentwurf wird durch die integrierten Kommunikationsmöglichkeiten unterstützt, und die Prozessbeteiligten können darüber Vorschläge einbringen.

Legende: ++ Zentrales Einsatzgebiet der Technologie
           + Leistet einen Beitrag zu dem Aufgabenbereich, es ist aber nicht der Schwerpunkt
           - Kein wesentlicher Beitrag zu diesem Aufgabenbereich

Tabelle 8: Typische Einsatzbereiche von Plattformen für kollaboratives Prozessmanagement und Process-Governance (Teil 1)

Aufgabenbereich		Erläuterung
Prozess-implemen-tierung	++	Insbesondere die organisatorischen Aspekte der Umsetzung neuer oder geänderter Prozesse werden durch eine solche Plattform unterstützt, z. B. durch die Freigabe und Bereitstellung neuer Prozessmodelle, die Veröffentlichung von Arbeitsanweisungen und benötigten Dokumentationen.
Prozess-planung	-	
Prozess-steuerung	-	
Ausführung der Arbeitsschritte	-	
Prozess-controlling	+	Es bietet sich an, Process-Analytics-Funktionen in eine solche Plattform zu integrieren und z. B. gemessene Prozesskennzahlen u. ä. in die Prozessmodelle einzublenden.
Process-Governance	++	Zahlreiche Funktionalitäten sind nützlich für die Process-Governance, u. a. Berechtigungskonzepte, Modellversionierung und Freigabeworkflows. Nutzerinnen und Nutzer können über die Plattform Probleme und Verbesserungsvorschläge melden.

Legende: ++ Zentrales Einsatzgebiet der Technologie
          + Leistet einen Beitrag zu dem Aufgabenbereich, es ist aber nicht der Schwerpunkt.
          - Kein wesentlicher Beitrag zu diesem Aufgabenbereich

Tabelle 9: Typische Einsatzbereiche von Plattformen für kollaboratives Prozessmanagement und Process-Governance (Teil 2)

3.3 Ende-zu-Ende-Prozessautomatisierung

3.3.1 Prinzip

Die im Folgenden besprochenen Systeme werden unterschiedlich bezeichnet, z. B. als Business-Process-Management-Systeme, Workflow-Management-Systeme, Business-Process-Automation-Tools oder Orchestrierungsplattformen. Gemeinsam ist ihnen, dass sie als zentrale Komponente eine „Process-Engine" enthalten, die umfangreiche und komplexe Prozesse steuern kann.

Im Folgenden wird die Bezeichnung Business-Process-Management-System" verwendet, abgekürzt BPMS.

Typischerweise bilden solche Systeme das Rückgrat automatisierter Prozesse. Deswegen sind sie in vielen Fällen die Grundlage für die Digitalisierung eines Unternehmens und damit für die erfolgreiche Umsetzung innovativer, digitaler Geschäftsmodelle.

Durch die Fähigkeit zur Ausführung kompletter Ende-zu-Ende-Prozesse, wie z. B. einer mehrere Wochen dauernden Auftragsabwicklung, unterscheiden sich BPMS

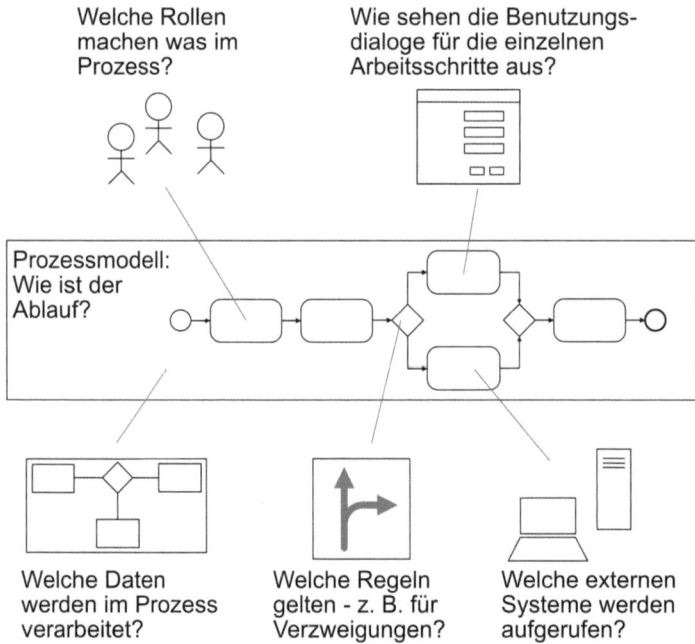

Abbildung 16: Beispiele für Informationen, die benötigt werden, um ein Prozessmodell ausführen zu können

von anderen Arten von Systemen, deren Schwerpunkt eher auf der Automatisierung einzelner Aufgaben innerhalb von Prozessen liegt, wie z. B. die in Abschnitt 3.6 beschriebenen Robotic-Process-Automation-Systeme (RPA-Systeme).

Möchte man einen Prozess ausführen lassen, so erstellt man zunächst ein Prozessmodell, häufig in der BPMN-Notation (vgl. Abschnitt 2.1). Hierfür wird die Modellierungsumgebung des BPMS verwendet. Das Prozessmodell wird um weitere erforderliche Informationen ergänzt, wie z. B. zu verarbeitende Daten, beteiligte Rollen, Benutzungsdialoge und Aufrufe externer Systeme (vgl. Abbildung 16).

Das fertiggestellte Modell wird in die Process-Engine geladen. Damit ist es zur Ausführung bereit. Manche Prozesse können von den Prozessbeteiligten über ein Portal gestartet werden. Bei anderen Prozessen erfolgt der Start durch einen automatischen Auslöser, etwa den Eingang einer elektronischen Bestellung. Im Anschluss an den Start arbeitet die Process-Engine das Prozessmodell ab. Dabei stößt sie nacheinander die Ausführung der verschiedenen Arbeitsschritte an. Ist ein Arbeitsschritt abgeschlossen, führt die Engine den Prozess fort, indem sie den nächsten Schritt ermittelt und dessen Ausführung initiiert (vgl. Abbildung 17).

Im Falle eines automatisierten Arbeitsschritts wird beispielsweise eine individuell programmierte Funktionalität ausgeführt, oder es wird eine Funktion in einer Standardsoftware aufgerufen. Im Zusammenhang mit Prozessen, bei denen alle Arbeitsschritte komplett automatisiert sind und daher kein Mensch involviert ist, spricht man auch von „Dunkelverarbeitung".

Arbeitsschritte, die nicht automatisiert sind, werden den zuständigen Benutzerinnen und. Benutzern in Task-Listen angezeigt. Darin können die anstehenden Aufgaben ausgewählt und über entsprechende Benutzungsdialoge bearbeitet werden (vgl. Abbildung 18).

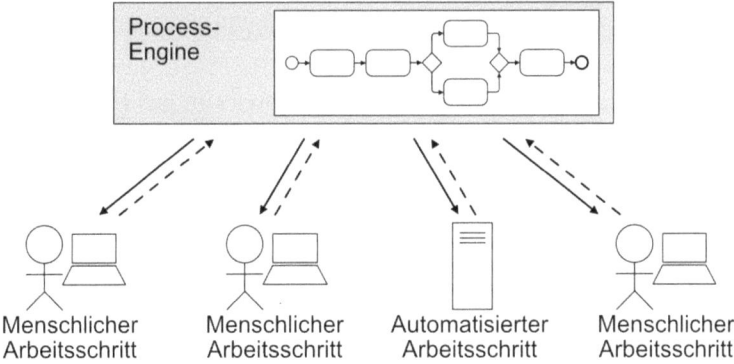

Abbildung 17: Die Process Engine leitet die Aufgaben (Tasks) gemäß dem Prozessmodell an Benutzerinnen und Benutzer weiter und ruft automatisierte Funktionen auf.

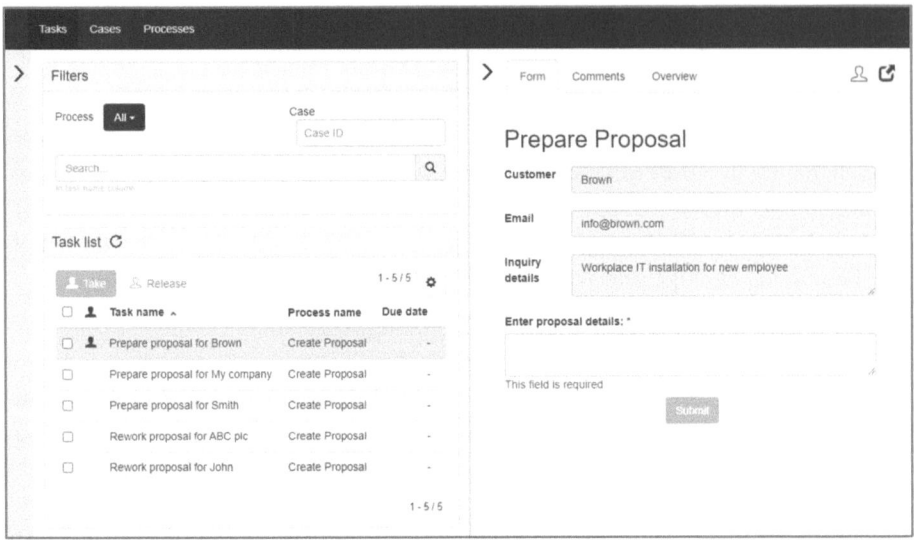

Abbildung 18: Task-Liste eines Benutzers (links unten) und Dialog zur Bearbeitung des ausgewählten Tasks (rechts). Screenshot des BPMS „Bonita".

Die Koordination der verschiedenen an einem Prozess beteiligten Menschen und Systeme wird auch als „Orchestrierung" bezeichnet. Ähnlich einem Orchester soll ein harmonisches Zusammenspiel erreicht werden. Die Rolle der Process-Engine entspricht der des Dirigenten.

Die einzelnen Prozesse können beliebig oft gestartet werden. So führt etwa jeder eingehende Auftrag dazu, dass in der Process-Engine eine neue Instanz des Auftragsabwicklungsprozesses gestartet wird. Eine solche Prozessinstanz enthält sämtliche Daten und den aktuellen Bearbeitungsstatus, d. h. die Stelle des Prozessmodells, bis zu der die Arbeitsschritte bereits abgearbeitet wurden.

Ein Prozessmodell stellt eine Prozessdefinition dar. Es beschreibt, wie ein Prozess (z. B. die Auftragsabwicklung) prinzipiell abläuft. Eine Prozessinstanz repräsentiert hingegen eine konkrete Durchführung – z. B. die Abwicklung des Auftrags Nr. 4378 vom 26.9. für den Kunden Meyer (vgl. Abbildung 1 in Abschnitt 1.2).

Die Process-Engine führt die zu einem Prozessmodell gestarteten Instanzen unabhängig voneinander aus. So kann etwa die Abwicklung des Auftrags Nr. 4400 vom 2.10. für die Kundin Müller bereits weiter fortgeschritten sein als die Abwicklung des früher gestarteten Auftrags Nr. 4378 vom 1.10. für den Kunden Schmidt.

Die Benutzerinnen und Benutzer können ihre Aufgaben wie oben beschrieben mit Hilfe des vom BPMS bereitgestellten Portals durchführen. Daneben gibt es aber

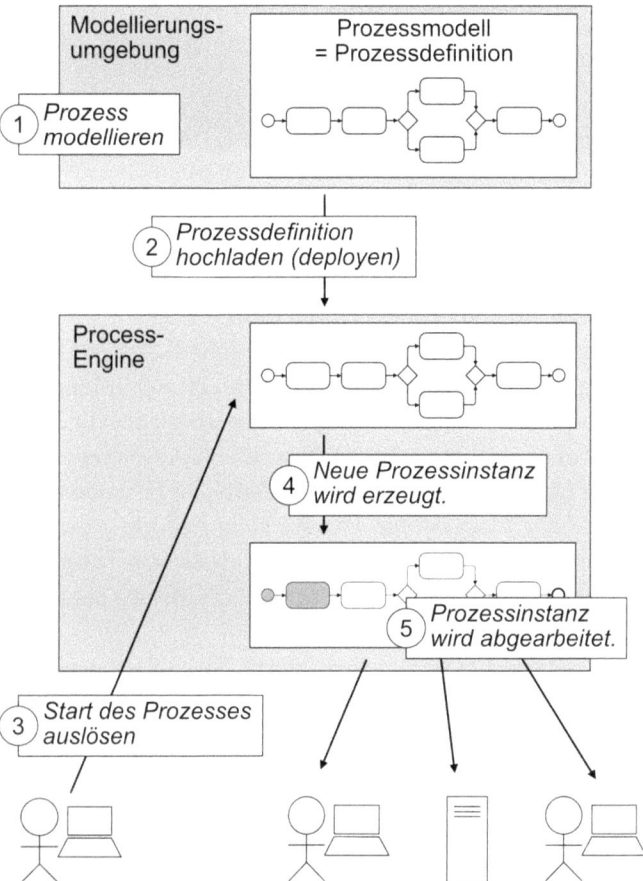

Abbildung 19: Vorgehen bei der Anwendung eines BPMS

auch die Möglichkeit, dass ein BPMS im Hintergrund einer herkömmlichen Anwendung läuft. So könnte eine Kundin eine gewöhnliche Webshop-Oberfläche nutzen. Schickt sie eine Bestellung ab, dann wird im Hintergrund eine Instanz des Bestellprozesses gestartet, die vom BPMS ausgeführt wird.

Abbildung 19 stellt die Schritte vom Prozessmodell bis zur Ausführung noch einmal im Zusammenhang dar.

3.3.2 Vorteile

Zu den Vorteilen eines BPMS gehören:

- *Bessere Zusammenarbeit von Business und IT:* Die grafischen Prozessmodelle unterstützen das gegenseitige Verständnis und die gemeinsame Entwicklung ausführbarer Prozesse.
- *Änderungsfreundlichkeit:* Geänderte und neue Prozesse können ohne Unterbrechung in das laufende System geladen werden. Wird eine neue Version eines Prozesses hochgeladen, so können bereits laufende Prozessinstanzen der alten Version unverändert fortgeführt werden.
- *Koordination von Menschen und Systemen:* Innerhalb eines Prozesses können sowohl von Menschen bearbeitete Schritte als auch automatisierte Funktionen ausgeführt werden. Tritt beispielsweise bei einem normalerweise komplett automatisch abgewickelten Prozess eine Ausnahme auf, so kann diese von einer Mitarbeiterin oder einem Mitarbeiter behandelt werden.
- *Integration von Systemen:* Ein Prozess kann Aufrufe verschiedenster Systeme und Funktionen beinhalten, z. B. Webservices, betriebliche Standardsoftware, Altsysteme, Entscheidungslogik, Software-Bots, physische Roboter und Geräte.
- *Abwicklung langlaufender Prozesse:* Beispielsweise können Prozesse auf das Eintreten von Ereignissen warten, fehlgeschlagene Aufrufe in größeren Abständen wiederholen und bei Bedarf dafür sorgen, dass nach einem endgültigen Fehlschlag die Auswirkungen bereits durchgeführter Aktionen wieder rückgängig gemacht werden.
- *Konformität:* Es wird sichergestellt, dass die Prozesse tatsächlich so ausgeführt werden, wie sie definiert sind. Auch kann das System etwa überwachen, ob Fristen eingehalten werden
- *Transparenz und Nachvollziehbarkeit:* Beispielsweise lässt sich der Bearbeitungsstand eines bestimmten Vorgangs leicht ermitteln, und man kann auch für beendete Prozessinstanzen nachvollziehen, wer wann was gemacht hat. Die Daten der ausgeführten Prozessinstanzen können als Grundlage für Auswertungen im Rahmen des Prozesscontrollings dienen.

3.3.3 Herausforderungen

Vor der Einführung eines BPMS ist zu bedenken, dass es eine zusätzliche Komponente in einem oft sowieso schon komplexen Software-Stack darstellt, durch die unter Umständen beträchtliche Kosten und Aufwände entstehen.

Manche BPMS-Plattformen sind zwar sehr leistungsfähig, gleichzeitig aber auch recht schwergewichtig. Sie bringen viele Features mit, die in den Prozessen genutzt werden können. Vielfach folgen die Plattformen dem „Low-Code"-Ansatz, bei dem der größte Teil einer Anwendung über grafische Oberflächen modelliert und konfiguriert wird, so dass nur wenig herkömmlicher Programmcode erforderlich ist.

Allerdings ist Low-Code oftmals mit Einschränkungen verbunden, da man nur die von der Plattform vorgegebenen Möglichkeiten nutzen kann. Zudem sind die Methoden zur Spezifikation und Konfiguration der Anwendungen – abgesehen von BPMN, DMN und CMMN – weitgehend proprietär, d. h. komplett unterschiedlich von Hersteller zu Hersteller. Mehr zum Thema Low-Code findet sich in Abschnitt 4.6.

Generell muss man sich dessen bewusst sein, dass bei BPMS die grafische Modellierung nur einen Schritt auf dem Weg zum ausführbaren Prozess ausmacht. Der gesamte Aufwand zur Erstellung der weiteren Inhalte, wie z. B. Organisation und Rollen, Datenstrukturen, Anbindung externer Systeme und insbesondere der Benutzungsdialoge, übersteigt den reinen Modellierungsaufwand um ein Mehrfaches.

Nutzt man eine umfassende BPMS-Plattform, so muss man zudem prüfen, ob deren Softwarearchitektur den eigenen Anforderungen genügt. Ist etwa mit einer künftig stark wachsenden Nutzung zu rechnen, so muss die Plattform skalierbar sein, d. h. man muss sie an die höhere Last anpassen können.

Möchte man flexibel hinsichtlich der Softwarearchitektur sein, so bietet es sich an, anstelle einer großen Plattform eine leichtgewichtige Process-Engine zu verwenden und diese als Komponente in die eigene Architektur zu integrieren.

Eine solche leichtgewichtige Process-Engine kann auch dezentral eingesetzt werden, z. B. in einer Microservice-Architektur. Dabei bleiben die einzelnen Microservices weitgehend entkoppelt, und es entstehen keine Abhängigkeiten von einer zentralen BPMS-Plattform. Diese Thematik wird in Abschnitt 4.4 weiter ausgeführt.

Da sich die bei der Prozessausführung gesammelten prozessbezogenen Daten prinzipiell auch zur Überwachung der Prozessbeteiligten nutzen lassen, muss man beim Einsatz eines BPMS sicherstellen, dass die betreffenden gesetzlichen Regeln eingehalten werden. Zudem sollte der Betriebsrat frühzeitig einbezogen werden.

Weiterhin sollte berücksichtigt werden, dass sich BPMS nicht für alle Arten von Prozessen gleich gut eignen. BPMS haben ihre Stärke in der Ausführung gut strukturierter, standardisierbarer Prozesse. Bei solchen Prozessen kann man die durchzuführenden Schritte und die Reihenfolge ihrer Ausführung recht genau im Voraus bestimmen und etwa in Form eines BPMN-Modells darstellen.

Für weniger strukturierte Prozesse, wie etwa eine medizinische Behandlung, bei der die Ärztin oder der Arzt selbst entscheidet, was jeweils als Nächstes zu tun ist, sind

BPMS hingegen nicht so gut geeignet. Zur Unterstützung solcher Fallbearbeitungen, wie sie mit Hilfe der in Abschnitt 2.3 vorgestellten CMMN modelliert werden können, dienen Adaptive-Case-Management-Systeme (vgl. Abschnitt 3.5).

3.3.4 Einsatzbereiche

Die Tabellen 10 und 11 fassen die typischen Einsatzbereiche von BPMS zusammen.

Aufgabenbereich		Erläuterung
Prozess-dokumentation	+	Die ausführbaren Prozessmodelle stellen eine Dokumentation der Prozesse dar, wie sie tatsächlich implementiert sind – allerdings meist nur derjenigen Prozesse, die mit dem BPMS durchgeführt werden.
Prozessanalyse	-	
Prozessentwurf	+	Der aus fachlicher Sicht erstellte Prozessentwurf wird um ausführungsbezogene Aspekte erweitert und detailliert. Beim Testen der ausführbaren Prozessmodelle können Defizite entdeckt und behoben werden.
Prozess-implemen-tierung	++	Dies ist der wesentliche Zweck eines BPMS. Dabei erfolgt die Implementierung in Form ausführbarer Prozessmodelle, angereichert um weitere Aspekte wie Daten, Benutzungsoberflächen, Benutzerinnen- und Benutzerrollen, usw.
Prozess-planung	-	Keine Standardfunktionalität der meisten BPMS. Prinzipiell sind Funktionen zur Prozessplanung aber gut auf Grundlage von BPMS implementierbar, da wesentliche prozessbezogene Daten vorhanden sind. Zudem könnten die Planungsergebnisse direkt als Grundlage für die Steuerung verwendet werden.

Legende: ++   Zentrales Einsatzgebiet der Technologie
          +   Leistet einen Beitrag zu dem Aufgabenbereich, es ist aber nicht der Schwerpunkt
          -   Kein wesentlicher Beitrag zu diesem Aufgabenbereich

Tabelle 10: Typische Einsatzbereiche von Business-Process-Management-Systemen (BPMS) für die Ende-zu-Ende-Prozessautomatisierung (Teil 1)

Aufgabenbereich		*Erläuterung*
Prozess-steuerung	++	Die Prozessinstanzen werden vom BPMS auf Grundlage des Prozessmodells gesteuert. Dazu gehört auch die Behandlung von Ausnahmen sowie das laufende Monitoring von Prozessinstanzen. Bei Bedarf sind auch Eingriffe durch Administratorinnen und Administratoren möglich.
Ausführung der Arbeitsschritte	++	Für Arbeitsschritte, die von Benutzerinnen und Benutzern ausgeführt werden, kann man Benutzungsdialoge erstellen. Komplett automatisierte Arbeitsschritte können in Form von Skripten implementiert werden. Häufig werden automatisierte Funktionen aber gesondert implementiert und von der Process-Engine über Schnittstellen aufgerufen.
Prozess-controlling	+	Die im BPMS aus der Prozessdurchführung anfallenden Daten über die Prozessdurchführung bilden eine wesentliche Grundlage für das Prozesscontrolling.
Process-Governance	+	Die Einhaltung der vorgegebenen Prozesse wird sichergestellt. Werden die Daten der durchgeführten Prozessinstanzen unveränderbar gespeichert, so lässt sich anhand dieses „Audit-Trails" genau nachweisen, dass ein bestimmter Vorgang regelungskonform durchgeführt wurde.

Legende: ++ Zentrales Einsatzgebiet der Technologie
+ Leistet einen Beitrag zu dem Aufgabenbereich, es ist aber nicht der Schwerpunkt.
- Kein wesentlicher Beitrag zu diesem Aufgabenbereich

Tabelle 11: Typische Einsatzbereiche von Business-Process-Management-Systemen (BPMS) für die Ende-zu-Ende-Prozessautomatisierung (Teil 2)

3.4   Decision-Management

In jedem Unternehmen werden ständig viele Entscheidungen getroffen. Manche dieser Entscheidungen basieren auf einfachen Regeln. Z. B. könnte eine Regel lauten, dass Beschaffungsanträge mit einem Wert von über 500 € von der Abteilungsleitung genehmigt werden müssen. Die Anwendung dieser Regel lässt sich leicht automatisieren.

Andere Entscheidungen sind sehr komplex, erfordern die Berücksichtigung vieler Daten und lassen sich nicht in ein schematisches Regelwerk pressen. Man denke beispielsweise an strategische Entscheidungen, etwa über die Eröffnung eines neuen Werkes oder den Kauf eines anderen Unternehmens. Derartige Entscheidungen werden von Menschen getroffen, die ihre Erfahrung und Intuition einbringen. Software wird hierbei zur Entscheidungsunterstützung eingesetzt. So können etwa die Auswirkungen unterschiedlicher Entscheidungen simuliert werden. Beispielsweise könnte eine Software berechnen, bis wann sich verschiedene Investitionen bei unterschiedlichen Entwicklungen des Marktes amortisiert haben.

Während derartige strategische Entscheidungen Menschen vorbehalten bleiben, werden Entscheidungen auf operativer Ebene zunehmend automatisiert. Beispielsweise wird über die Vergabe von Krediten oder über die Regulierung von Versicherungsschäden in vielen Fällen bereits automatisch entschieden.

Manche Entscheidungen lassen sich auf Grundlage von eindeutig festgelegten Regeln treffen. In anderen Fällen werden Methoden der Statistik oder der Künstlichen Intelligenz (KI) angewandt. So müssen für die automatisierte Entscheidung über die Regulierung eines Fahrzeugschadens unter anderem Fotos des beschädigten Fahrzeugs ausgewertet werden. Hierfür können maschinelle Lernverfahren genutzt werden.

Auch die für eine Entscheidung erforderliche Datengrundlage kann ganz unterschiedlich sein. Beispielsweise wird für die oben genannte Regel, nach der Beschaffungsanträge über 500 € von der Abteilungsleitung genehmigt werden müssen, lediglich der Wert der zu beschaffenden Ware benötigt.

In anderen Fällen müssen umfangreiche Mengen von zum Teil sehr verschiedenartigen Daten analysiert werden, und das oftmals in Echtzeit. Hierfür eingesetzte Methoden und Technologien werden auch unter dem Begriff „Business-Analytics" zusammengefasst.

Es gibt unterschiedliche Verknüpfungen von Entscheidungen und Geschäftsprozessen. So kann eine getroffene Entscheidung den Start eines Prozesses auslösen. Beispielsweise könnte die Auswertung von Messdaten zu der Entscheidung führen, dass eine bestimmte Maschine gewartet werden muss. Hierauf sollte ein Prozess zur Planung und Durchführung der erforderlichen Wartungsarbeiten gestartet werden.

Dies kann beispielsweise dadurch automatisiert werden, dass die Software zum Monitoring und zur Analyse der Messdaten mit einem BPMS verknüpft wird. Erkennt die Analysesoftware die Notwendigkeit für eine Wartung, so löst sie über eine Schnittstelle des BPMS den Start des hierfür zuständigen Prozesses aus und übermittelt ihm die erforderlichen Daten über die zu wartende Maschine und ihren Zustand.

Auch bei der Durchführung von Prozessen werden vielfältige Entscheidungen getroffen. Häufig erledigen dies die am Prozess beteiligten Menschen als Teil ihrer Aufgaben. Dabei können sie gegebenenfalls Software zur Entscheidungsunterstützung nutzen. Das Ergebnis einer Entscheidung kann dann im weiteren Prozessverlauf dazu führen, dass bestimmte Pfade im Prozessmodell ausgewählt werden. Zudem kann ein Entscheidungsergebnis in späteren Aktivitäten genutzt werden.

Andere Entscheidungen innerhalb von Prozessen werden automatisiert getroffen. Wie bereits in Abschnitt 2.2 erläutert, können sehr einfache Entscheidungsregeln direkt im Prozessmodell beschrieben werden. Beispielsweise kann man bei Verzweigungen die verschiedenen Ausgänge mit logischen Ausdrücken versehen. Diese Ausdrücke werden von der Process-Engine bei der Prozessausführung ausgewertet.

Für komplexere Regeln werden separate Module oder Systeme genutzt. Dabei kann es sich um eine Decision-Engine handeln, die DMN-Diagramme, Entscheidungstabellen und logische Ausdrücke auswertet, wie dies in Abschnitt 2.2 erläutert wurde. Neben der Engine zur Ausführung der Entscheidungslogik umfassen regelbasierte Decision-Management-Systeme auch Modellierungsumgebungen und Editoren zum Erstellen, Testen und Verwalten der DMN-Modelle.

Die Trennung von Prozess und Entscheidungsregeln ermöglicht es, die Entscheidungslogik unabhängig vom Prozessmodell weiterzuentwickeln. Entscheidungsregeln werden im Schnitt wesentlich häufiger überarbeitet als die Prozesse. So ändern sich im öffentlichen Personenverkehr die Regeln zur Ermittlung von Preisen und Rabatten relativ oft. Der Prozess zum Ticketkauf bleibt hingegen unverändert.

Mit Hilfe von DMN-Diagrammen und Entscheidungstabellen kann man umfangreichere Regelwerke wesentlich verständlicher darstellen, als wenn die entsprechende Logik in Prozessdiagrammen oder in Programmcode eingebettet ist. Es sind auch keine umfassenden IT-Kenntnisse zur Implementierung von Entscheidungslogik mehr erforderlich, so dass die Regeln direkt von den Fachexpertinnen und -experten erfasst und bearbeitet werden können.

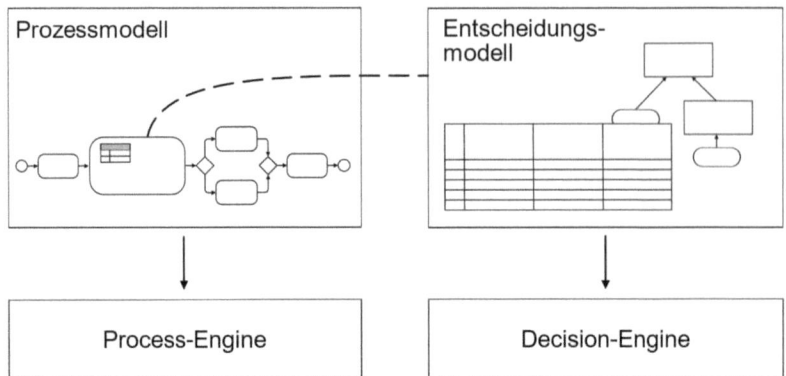

Abbildung 20: Die Entscheidungslogik zu einem Geschäftsregeltask kann durch ein Entscheidungsmodell beschrieben und von einer Decision-Engine ausgeführt werden.

Bei einer Decision-Engine kann es sich entweder um einen Bestandteil einer integrierten Prozessmanagementplattform handeln, oder um eine separate Anwendung. Die DMN-Modelle und Entscheidungstabellen zu den einzelnen Geschäftsregeltasks werden in die Decision-Engine geladen (vgl. Abbildung 20).

Wenn eine Process-Engine beim Ausführen einen Geschäftsregeltask erreicht, so ruft sie die betreffende Regel in der Decision-Engine auf und übergibt ihr die für die Entscheidung erforderlichen Daten. Die Decision-Engine führt die Regel aus und gibt das Ergebnis an die Process-Engine zurück (vgl. Abbildung 21).

Für Entscheidungen, die sich nicht durch Anwendung fester Regeln treffen lassen, kommen andere der oben beschriebenen Möglichkeiten zum Einsatz, z. B. statisti-

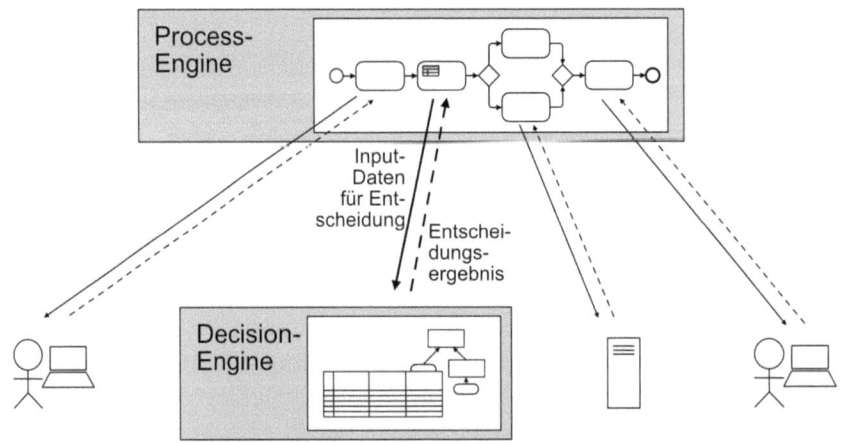

Abbildung 21: Aufruf der Decision-Engine bei der Ausführung eines Prozesses

sche Verfahren oder Methoden der Künstlichen Intelligenz. Auch die Tools aus diesen Bereichen bieten in der Regel geeignete Schnittstellen, die aus einem Prozess heraus aufgerufen werden können, wenn eine bestimmte Entscheidung ansteht.

Neben den Daten, die von der jeweiligen Prozessinstanz bereitgestellt werden, können die zur Entscheidungsfindung eingesetzten Tools auch auf sonstige Daten zurückgreifen. Beispielsweise könnte die Auswahl eines geeigneten Versandwegs unter anderem von der zu erwartenden Auslastung der im Unternehmen vorhandenen Transportfahrzeuge abhängen. Während Art und Menge der in einem Auftrag bestellten Waren vom Prozess mitgeteilt werden können, müssen für die Prognose der Fahrzeugauslastung zusätzliche Daten herangezogen werden.

Die Tabellen 12 und 13 fassen zusammen, welche Beiträge Decision-Management-Systeme im Zusammenhang mit der Prozessautomatisierung leisten können. Während einige Aspekte für alle Arten von Systemen zur Automatisierung oder Unterstützung von Entscheidungen gelten, beziehen sich andere Punkte speziell auf regelbasierte Decision-Engines. Bei Letzteren wird häufig DMN als Notation verwendet, sodass hierfür auch die Ausführungen in Abschnitt 2.2 von Bedeutung sind.

Aufgabenbereich		Erläuterung
Prozess-dokumentation	-	
Prozessanalyse	-	
Prozessentwurf	+	Decision-Management-Systeme können zur Spezifikation von Entscheidungslogik verwendet werden, die in einem Prozess genutzt wird.
Prozess-implemen-tierung	++	Decision-Management-Systeme können zur Implementierung von automatisierten Entscheidungen eingesetzt werden, die bei der Durchführung von Prozessen ausgeführt werden.
Prozess-planung	-	

Legende: ++ Zentrales Einsatzgebiet der Technologie
　　　　　+ Leistet einen Beitrag zu dem Aufgabenbereich, es ist aber nicht der Schwerpunkt
　　　　　- Kein wesentlicher Beitrag zu diesem Aufgabenbereich

Tabelle 12: Typische Einsatzbereiche für Systeme zum Decision-Management (Teil 1)

Aufgabenbereich		Erläuterung
Prozess-steuerung	++	Die durch ein Decision-Management-Tool getroffenen Entscheidungen dienen der Prozesssteuerung, z. B. indem sie die Auswahl bestimmter Pfade im Prozessmodell bestimmen.
Ausführung der Arbeitsschritte	+	Wenn bei der Ausführung von Arbeitsschritten komplexe Entscheidungen getroffen werden müssen, kann dies von einem Decision-Management-System übernommen werden. Auch bei der Ausführung von Benutzertasks können entscheidungsunterstützende Systeme genutzt werden.
Prozess-controlling	-	Falls es im Rahmen des Prozesscontrollings von Bedeutung ist, welche Regeln auf welche Eingangsparameter angewandt wurden, wie oft bestimmte Regeln ausgeführt wurden, usw., dann könnte dies zumindest prinzipiell auf Grundlage von Decision-Engine-Protokollen ermittelt werden.
Process-Governance	+	Durch den Einsatz einer regelbasierten Decision-Engine kann sichergestellt werden, dass die Regeln korrekt angewandt werden. Wird die Regelanwendung protokolliert, so lässt sich auch nachvollziehen, wie welche Entscheidungen zustande kamen.

Legende: ++ Zentrales Einsatzgebiet der Technologie
  + Leistet einen Beitrag zu dem Aufgabenbereich, es ist aber nicht der Schwerpunkt.
  - Kein wesentlicher Beitrag zu diesem Aufgabenbereich

Tabelle 13: Typische Einsatzbereiche für Systeme zum Decision-Management (Teil 2)

3.5 Adaptive-Case-Management

Systeme für die Fallbearbeitung, auch als „Adaptive-Case-Management-Systeme" (ACM-Systeme) bezeichnet, unterstützen schwach strukturierte, wissensintensive Prozesse, wie z. B. die Bearbeitung juristischer Fälle, komplexe Schadensregulierungen in Versicherungen oder medizinische Behandlungen. In Abschnitt 2.3 wurde beschrieben, wie derartige Fallbearbeitungen mit Hilfe von CMMN (Case Management Model and Notation) modelliert werden können.

Anders als bei stark strukturierten Prozessen kann der genaue Ablauf nicht allgemein festgelegt werden. Stattdessen entscheiden die Beteiligten während der Durchführung jeweils, welcher Schritt als nächster erfolgt. Diese Entscheidung treffen sie abhängig von der betreffenden Situation. Hierfür wenden sie ihr Wissen und ihre Erfahrungen an.

Zu den wichtigsten Aufgaben eines ACM-Systems gehört es daher, alle für die Bearbeitung eines Falles relevanten Daten und Informationen bereitzustellen. Sie sind in einer „elektronischen Fallakte" gebündelt. Darin finden sich auch der gesamte bisherige Verlauf und der aktuelle Bearbeitungszustand. Die beteiligten Mitarbeiterinnen und Mitarbeiter erhalten auf einen Klick einen vollständigen Überblick über den Fall.

Da es keine fest vorgegebenen Abläufe gibt, verwenden ACM-Systeme keine Prozessmodelle. Stattdessen können Vorlagen für verschiedene Arten von Fällen erstellt und genutzt werden. Diese enthalten unter anderem Informationen über die angestrebten Ziele, durchzuführende Phasen und Schritte.

Auch wenn das Meiste von den Beteiligten selbst entschieden wird, müssen dabei zumeist gewisse Regeln eingehalten werden. Zum Beispiel erfordern medizinische Operationen, dass vorher bestimmte Untersuchungen durchgeführt werden und dass eine Einverständniserklärung unterschrieben wird. Die Einhaltung solcher Regeln kann durch das ACM-System sichergestellt werden. Beispielsweise können die Benutzungsdialoge so gestaltet werden, dass immer nur diejenigen Aktionen zur Auswahl angeboten werden, die aufgrund des aktuellen Fallzustandes möglich sind.

Ein weiteres wichtiges Feature ist die Unterstützung der Zusammenarbeit. Ein ACM-System sollte es ermöglichen, auf einfache Weise Kolleginnen und Kollegen hinzuzuziehen und die elektronische Fallakte mit ihnen zu teilen, so dass gemeinsam daran gearbeitet werden kann.

Anders als bei stark strukturierten Prozessen, für die sich BPMN als Standardnotation durchgesetzt hat, ist der für das Adaptive-Case-Management entwickelte

Standard CMMN weniger verbreitet. ACM-Systeme verwenden daher oftmals proprietäre Darstellungen, um Vorlagen für die Fallbearbeitung zu definieren.

Vielfach werden Adaptive-Case-Management-Funktionalitäten als integrierte Bestandteile umfassender Prozessmanagement-Plattformen angeboten, die auch eine herkömmliche Process-Engine enthalten. Dies hat den Vorteil, dass die Bearbeitung von Fällen und die Ausführung strukturierter Prozesse kombiniert werden können. So kann es vorkommen, dass für einzelne Aufgaben innerhalb einer Fallbearbeitung ziemlich strukturierte Prozesse erforderlich sind. In solchen Fällen ist es möglich, die betreffenden Teilprozesse mit BPMN zu modellieren und von der Process-Engine ausführen zu lassen. Umgekehrt kann auch aus einem strukturierten Prozess heraus eine Fallbearbeitung aufgerufen werden.

Daneben gibt es weitere Features, die sowohl für die herkömmliche Prozessausführung als auch für das Adaptive-Case-Management nützlich sind, beispielsweise die Einbindung von Drittsystemen oder die Protokollierung der durchgeführten Schritte zu Nachweiszwecken.

Ähnlich wie ein BPMS schafft ein ACM-System Transparenz. So lässt sich jederzeit leicht der aktuelle Bearbeitungsstand eines Falles herausfinden. Auch ist es beispielsweise möglich, einen Fall zu eskalieren, wenn seine Bearbeitung zu lange dauert.

Die typischen Aufgabenbereiche von ACM-Systemen sind in den Tabellen 14 und 15 zusammengefasst.

Aufgabenbereich		Erläuterung
Prozess-dokumentation	-	
Prozessanalyse	-	
Prozessentwurf	+	Adaptive-Case-Management-Systeme (ACM-Systeme) enthalten Umgebungen zur Spezifikation der Systemunterstützung schwach strukturierter Prozesse. Zum Teil erfolgt dies mit Hilfe von grafischen CMMN-Modellen.

Legende: ++ Zentrales Einsatzgebiet der Technologie
+ Leistet einen Beitrag zu dem Aufgabenbereich, es ist aber nicht der Schwerpunkt.
- Kein wesentlicher Beitrag zu diesem Aufgabenbereich

Tabelle 14: Typische Einsatzbereiche für Adaptive-Case-Management-Systeme (Teil 1)

Aufgabenbereich		Erläuterung
Prozess-implemen-tierung	++	ACM-Systeme dienen der Implementierung von schwach strukturierten Prozessen.
Prozess-planung	-	Da die Fallbearbeitung sehr individuell ist, lassen sich schwach strukturierte Prozesse nicht genau vorher planen. Prinzipiell kann eine Planung durch die Bearbeiterinnen und Bearbeiter erfolgen, indem sie festlegen, wann sie welche Aktivitäten durchführen.
Prozess-steuerung	++	ACM-Systeme spielen eine Rolle bei der Steuerung schwach strukturierter Prozesse. Die genaue Reihenfolge von Aktivitäten wird in der Regel allerdings von den Bearbeiterinnen oder Bearbeitern während der Falldurchführung bestimmt. Das System kann dabei die Einhaltung von Regeln sicherstellen. Beispielsweise können Aktivitäten erst durchgeführt werden, wenn die nötigen Voraussetzungen erfüllt sind.
Ausführung der Arbeitsschritte	++	Den Benutzerinnen und Benutzern werden geeignete Dialoge zur Durchführung der Arbeitsschritte bereitgestellt. Darin erhalten sie sämtliche zur Fallbearbeitung benötigten Daten und Informationen sowie einen Überblick über den bisherigen Bearbeitungsverlauf, und sie können aus den jeweils möglichen Aktionen die geeignete auswählen.
Prozess-controlling	+	Die im ACM-System anfallenden Daten über die Fallbearbeitung können für das Prozesscontrolling genutzt werden.
Process-Governance	+	Die Einhaltung vorgegebener Regeln kann durch ACM-Systeme sichergestellt werden. Werden die Daten der durchgeführten Fallbearbeitungen unveränderbar gespeichert, so lässt sich nachweisen, dass ein bestimmter Fall regelkonform bearbeitet wurde.

Legende: ++ Zentrales Einsatzgebiet der Technologie
          +   Leistet einen Beitrag zu dem Aufgabenbereich, es ist aber nicht der Schwerpunkt.
          -   Kein wesentlicher Beitrag zu diesem Aufgabenbereich

Tabelle 15: Typische Einsatzbereiche für Adaptive-Case-Management-Systeme (Teil 2)

3.6 Robotic-Process-Automation

3.6.1 Automatisierung einzelner Arbeitsschritte mit Hilfe von Bots

Unter der Bezeichnung „Robotic-Process-Automation" (RPA) versteht man die Automatisierung einzelner Arbeitsschritte (englisch „Tasks"), wobei Software-Bots die Aktionen menschlicher Benutzerinnen und Benutzer nachahmen. Dabei bedienen sie Softwareanwendungen meist über deren grafische Benutzungsoberflächen (Graphical-User-Interfaces, GUIs).

Der Begriff „Robotic-Process-Automation" selbst mag zunächst falsche Assoziationen wecken: Unter Robotern versteht man gemeinhin physische Apparaturen, wie sie etwa in der Fertigung eingesetzt werden. Bei RPA geht es hingegen um reine Software-Bots. Auch ist die Bezeichnung „*Process*-Automation" nicht ganz zutreffend, da – anders als bei BPMS – keine gesamten Ende-zu-Ende-Prozesse automatisiert werden, sondern meist nur einzelne Arbeitsschritte innerhalb von Prozessen.

Typischerweise handelt es sich bei den automatisierten Arbeitsschritten um gut standardisierbare Routineaufgaben. In vielen Unternehmen haben Mitarbeiterinnen und Mitarbeiter bislang beträchtliche Zeit damit verbracht, Daten aus einer Anwendung in eine andere zu übertragen, Informationen aus verschiedenen Webseiten, Excel-Dateien oder Emails herauszukopieren und zusammenzutragen, etc. Ein RPA-Bot führt nun genau die Schritte aus, die bislang von einem Menschen erledigt wurden: Er meldet sich mit Benutzernamen und Passwort an den benutzten Systemen an, kopiert Daten aus den Benutzungsdialogen heraus, führt verschiedene Verarbeitungsschritte und Berechnungen aus und trägt die Ergebnisse in die Eingabefelder der Benutzungsoberflächen ein (vgl. Abbildung 22).

Möchte man zwei Softwaresysteme miteinander verbinden, so verwendet man herkömmlich zumeist Programmierschnittstellen (Application-Programming-Interfa-

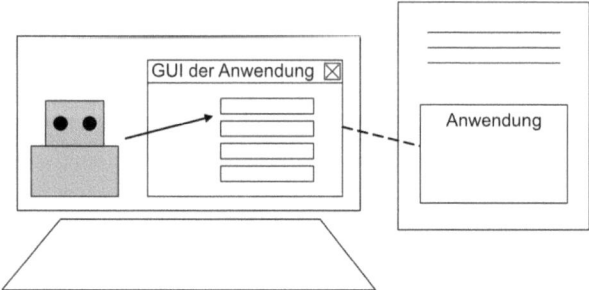

Abbildung 22: RPA-Bots greifen auf Anwendungen häufig über die Benutzungsoberflächen zu.

ces, APIs). Allerdings sind die Schnittstellen der verschiedenen Systeme oft unein-heitlich. Ältere Systeme verfügen unter Umständen über gar keine geeigneten APIs. In der Regel ist einiger Programmieraufwand erforderlich, um zwei Systeme über eine solche Schnittstelle miteinander zu verbinden. Der Zugriff über die Benut-zungsoberfläche ist hingegen praktisch immer möglich und verursacht keinen Pro-grammieraufwand. RPA-Systeme bieten vorgefertigte Aktionen zur Bedienung von Oberflächen an. So gibt es beispielsweise Aktionen, die einen Mausklick auf eine bestimmte Schaltfläche oder einen Eintrag in ein Textfeld vornehmen.

3.6.2 Training der Bots

Bei den meisten RPA-Systemen werden die Bots nicht im herkömmlichen Sinn pro-grammiert. Vielmehr definiert man die Einzelschritte, die nacheinander ausgeführt werden sollen, in Form von Ablaufdiagrammen. Auch Fachanwender, die nicht programmieren können, werden durch diesen „Low-Code"-Ansatz in die Lage ver-setzt, ihre eigenen Bots zu erstellen – zumindest in einfachen Fällen.

Mit Hilfe eines in die RPA-Umgebung integrierten Screen-Recorders kann eine Be-nutzerin oder ein Benutzer zudem eigene Aktionen aufzeichnen und daraus ein Ab-laufdiagramm erzeugen lassen. Damit wird der Aufwand zum Konfigurieren eines Bots reduziert. Ein Bot wird somit für die Durchführung seiner Aufgabe „trainiert".

3.6.3 Attended und unattended RPA

Man unterscheidet zwei Arten von Bots:

*   *Attended RPA:* Ein „begleiteter" RPA-Bot arbeitet mit einem Menschen zusam-men. Typischerweise werden die entsprechenden Automatisierungsskripte auf dem Arbeitsplatzrechner installiert. Die Benutzerin oder der Benutzer startet die Ausführung bei Bedarf. Müssen beispielsweise immer wieder Kontaktdaten aus einer Excel-Liste in ein Customer-Relationship-Management-System über-tragen werden, so braucht das nicht mehr manuell zu erfolgen. Stattdessen star-tet die Benutzerin oder der Benutzer das für diese Aufgabe erstellte Skript und lässt den Bot die Arbeit erledigen. Dabei sind auch Interaktionen mit der Benut-zerin oder dem Benutzer möglich. Entdeckt der Bot beispielsweise einen unvoll-ständigen Datensatz, so kann er nachfragen, wie damit verfahren werden soll. Ein attended Bot stellt also eine Art Helfer dar, der bei Bedarf Routineaufgaben übernimmt und somit den Menschen entlastet.
*   *Unattended RPA:* Ein „unbegleiteter" RPA-Bot läuft typischerweise auf einem Server und interagiert nicht direkt mit Benutzerinnen und Benutzern. Er be-ginnt mit seiner Arbeit, wenn ein bestimmtes Ereignis eintritt. So können Ak-tionen immer zu bestimmten Zeitpunkten gestartet werden, oder wenn z. B. ein

neuer Auftrag per E-Mail eingetroffen ist. Die Software-Anwendungen, die von unattended Bots bedient werden, laufen zumeist in virtuellen Maschinen.

3.6.4 Probleme durch die Nutzung grafischer Benutzungsoberflächen

Für einen RPA-Bot ist es nicht ganz einfach, über die grafische Benutzungsoberfläche auf ein System zuzugreifen. Menschen können die verschiedenen Textfelder und Bedienelemente anhand der Beschriftungen und der grafischen Anordnung leicht erkennen. Ein Automatisierungsskript ermittelt die verschiedenen Oberflächenelemente hingegen anhand von eventuell vorhandenen Identifizierern (eindeutigen Bezeichnungen im Code), verschiedenen Attributen (z. B. der Schriftgröße) und ggf. den Koordinaten im Anwendungsfenster.

Je nach Anwendung kann dies recht unzuverlässig sein. So kann es vorkommen, dass sich Identifizierer bei jedem Aufruf ändern, dass unterschiedliche Elemente die gleichen Attribute haben oder dass Elemente verschoben sind. Ein Beispiel: Wird in einem Dialog eine Liste angezeigt, so können die darunter angeordneten Schaltflächen je nach Länge der Liste nach unten verschoben sein.

Nicht zuletzt werden Benutzungsoberflächen und insbesondere Webseiten öfter verändert. Dies kann zu Fehlern bei den RPA-Bots führen.

Eine höhere Zuverlässigkeit kann ggf. mit Hilfe von Verfahren der Künstlichen Intelligenz erzielt werden (vgl. Abschnitt 4.7). So kann ein RPA-System die benötigten Oberflächenelemente anhand visueller Merkmale korrekt identifizieren, auch wenn sich die Position und verschiedene Eigenschaften geändert haben.

3.6.5 Einsatzbereiche

RPA eignet sich insbesondere für vergleichsweise einfache, gut strukturierte und häufig durchgeführte Aufgaben. Typische Einsatzbereiche für RPA finden sich im Finanz- und Rechnungswesen, in der Auftragsbearbeitung, im Einkauf und im Personalwesen. Besonders häufig wird die Automatisierungstechnologie im Finanzsektor genutzt, beispielsweise für die Schadensbearbeitung in Versicherungen. Aber auch in Unternehmen anderer Branchen gibt es zahlreiche Routinetätigkeiten, für die eine Automatisierung mit RPA in Frage kommt.

3.6.6 Cognitive RPA

Durch den Einsatz von Künstlicher Intelligenz dürfte es künftig möglich werden, zunehmend komplexe Aufgaben zu automatisieren. Man spricht dann auch von „Intelligent RPA" oder „Cognitive RPA". Beispielsweise kann ein intelligenter Bot den Inhalt eingegangener E-Mails oder Rechnungsdokumente analysieren, strukturieren und für die Weiterverarbeitung bereitstellen.

3.6.7 Management der Bots und Sicherheit

Hat ein Unternehmen eine große Zahl von RPA-Bots im Einsatz, so stellen deren Verwaltung, Überwachung und Wartung eine Herausforderung dar. Hierfür enthalten die RPA-Systeme entsprechende Tools. Zumeist wird ein spezielles RPA-Team aufgestellt, das sich um die Entwicklung, die Wartung und das Management der Bots kümmert. Zwar ermöglichen es Screen-Recorder und grafische Modellierungsoberflächen, Bots auch ohne Programmierkenntnisse zu trainieren, doch sind für komplexere Automatisierungen – aber auch z. B. für eine systematische Qualitätssicherung – tiefergehende Kenntnisse erforderlich.

Nicht zuletzt entstehen neue Herausforderungen in Bezug auf die Sicherheit. RPA-Bots benötigen für ihre Aufgaben vielfältige Berechtigungen in den genutzten Systemen. Fehlerhafte oder nicht ausreichend abgesicherte Bots könnten Unbefugten den Zugang zu diesen Systemen ermöglichen. Entsprechende Maßnahmen umfassen unter anderem die verschlüsselte Speicherung der Zugangsdaten, eine restriktive Rechtevergabe und die unveränderliche Protokollierung sämtlicher Bot-Aktivitäten.

3.6.8 Vorteile des RPA-Ansatzes

Wesentliche Vorteile des RPA-Ansatzes sind (vgl. [Br20], [KoFe20]):

- *Reduzierte Kosten.* Die Lizenzkosten für RPA-Bots sind deutlich niedriger als die für dieselbe Arbeit anfallenden Personalkosten. Und auch unter Berücksichtigung der Kosten für die Entwicklung und die Wartung der Bots wird meist von Amortisationszeiten zwischen zwölf und 18 Monaten berichtet.
- *Reduzierte Bearbeitungs- und Durchlaufzeiten.* Ein Bot kann Routineaufgaben schneller erledigen als ein Mensch. Allerdings sind der Bearbeitungsgeschwindigkeit durch die von dem Bot genutzten Softwareanwendungen Grenzen gesetzt. Zumeist dauert es etwas, bis eine Anwendung gestartet ist und bis sie Eingaben über die Benutzungsoberfläche verarbeitet hat. Da Bots rund um die Uhr arbeiten, können Sie andererseits einen vorliegenden Arbeitsvorrat insgesamt schneller abarbeiten und so die Durchlaufzeiten verkürzen.
- *Höhere Qualität und verbesserte Compliance:* Im Gegensatz zu Menschen machen Bots – sofern sie richtig programmiert wurden – keine Fehler. Damit ist auch sichergestellt, dass die Aktionen immer vorschriftsmäßig ausgeführt werden. Dies lässt sich auch lückenlos nachvollziehen, wenn alle Aktionen automatisch protokolliert werden.
- *Höhere Mitarbeiterzufriedenheit:* Die Mitarbeiter werden von langweiligen und zeitraubenden Routineaufgaben entlastet und haben damit mehr Zeit für höherwertige und interessantere Tätigkeiten.

- *Skalierbarkeit:* Erhöht sich die Menge der Arbeit, so können recht einfach weitere Bots gestartet werden. Hingegen ist es nicht so leicht, schnell neue Mitarbeiter einzustellen und einzuarbeiten.

- *Schnelle und einfache Implementierung:* Da die Bots über die grafischen Benutzungsoberflächen auf Softwareanwendungen zugreifen, müssen keine Anbindungen über Schnittstellen programmiert werden, und es sind keinerlei Veränderungen und Anpassungen der benutzten Anwendungen erforderlich. Zudem können Bots bis zu einem gewissen Grad dadurch konfiguriert werden, dass die Aktionen menschlicher Benutzer aufgezeichnet werden. Wenn es darum geht, den Automatisierungsgrad eines existierenden Prozesses zu erhöhen, gelingt dies oftmals am schnellsten mit RPA.

- *Keine Programmierkenntnisse erforderlich:* Da die Abläufe mit Hilfe grafischer Diagramme spezifiziert werden, lassen sich auch Mitarbeiter an der Bot-Entwicklung beteiligen, die nicht programmieren können. Dies ist nicht zuletzt aufgrund des Mangels an Software-Entwicklerinnen und -entwicklern hilfreich.

3.6.9 Nachteile

Den aufgeführten Vorteilen stehen unter anderem die folgenden Nachteile gegenüber (vgl. [Br20], [KoFe20]):

- *Lizenzkosten:* Je nach Art des Bot-Einsatzes und dem Lizenzmodell des RPA-Herstellers können die Lizenzkosten beträchtlich sein, so dass die erwarteten Kosteneinsparungen unter Umständen nicht erreicht werden. Daher ist es erforderlich, das Lizenzmodell genau zu analysieren und den Einsatz der erworbenen Lizenzen gezielt zu steuern.

- *Entwicklungs- und Trainingsaufwand:* Je nach Art und Umfang der zu automatisierenden Aufgaben sind die Entwicklung und Qualitätssicherung qualitativ hochwertiger RPA-Bots oftmals aufwändiger als anfänglich erwartet. Insbesondere komplexere Tasks erweisen sich oft als schwierig zu automatisieren. Und auch wenn Bots weitgehend ohne Programmierkenntnisse entwickelt werden können, ist einiger Einarbeitungsaufwand erforderlich, bis man den Umgang mit einer RPA-Plattform beherrscht.

- *Zusätzliche Sicherheitsanforderungen:* Für die Bedienung der Systeme über die Benutzungsoberflächen benötigen Bots vielfältige Berechtigungen. Damit diese nicht für eine unbefugte Nutzung missbraucht werden, müssen die Bots entsprechend abgesichert werden.

- *Hoher Aufwand für Monitoring und Wartung:* Da RPA-Bots sehr empfindlich gegenüber Änderungen der angebundenen Softwareanwendungen – und insbesondere deren Benutzungsoberflächen – sind, muss ständig überwacht werden, ob die Bots noch richtig funktionieren. Die gegebenenfalls erforderlichen Anpassungen und Überarbeitungen können recht mühsam sein.

- *Management einer hohen Zahl von Bots schwierig:* Verfügt ein Unternehmen über eine große Menge unterschiedlicher Bots, so ist es recht schwierig, den Überblick darüber zu behalten, was welche Bots tun und wie sie ggf. zusammenwirken. Ändert sich beispielsweise eine gesetzliche Regelung, die möglicherweise Auswirkungen auf die Ablauflogik mehrerer verschiedener Bots hat, so lässt sich nicht ohne Weiteres herausfinden, wo dies der Fall ist und wo demnach Änderungen durchzuführen sind.

- *Keine Gesamtsicht auf Ende-zu-Ende-Prozesse:* Da sich RPA vorwiegend dazu eignet, einzelne Arbeitsschritte zu automatisieren, ist es zwar möglich, praktisch alle Schritte innerhalb eines Prozesses von Bots ausführen zu lassen, doch bietet RPA keine Gesamtsicht auf den Ende-zu-Ende-Prozess. Wenn beispielsweise jeder Bot seine Aufgabe durchführt und anschließend die Weiterverarbeitung durch einen anderen Bot anstößt, dann entsteht zwar ein komplett automatisierter Prozess, doch gibt es keinen Überblick über den Gesamtprozess (vgl. Abbildung 23). Es ist dann z. B. schwierig festzustellen, wie weit die Bearbeitung eines bestimmten Auftrags fortgeschritten ist.

3.6.10 Die Rolle von RPA als Teil einer durchgängigen Prozessautomatisierung

Aufgrund dieser Nachteile wird RPA vielfach als Übergangstechnologie betrachtet, mit der sich schnell erste Automatisierungslösungen entwickeln lassen. Langfristig wird zur Vermeidung der genannten Probleme eher empfohlen, Systeme über APIs zu verbinden und damit eine stabilere Integration zu erreichen, als dies über die Benutzungsoberflächen möglich ist.

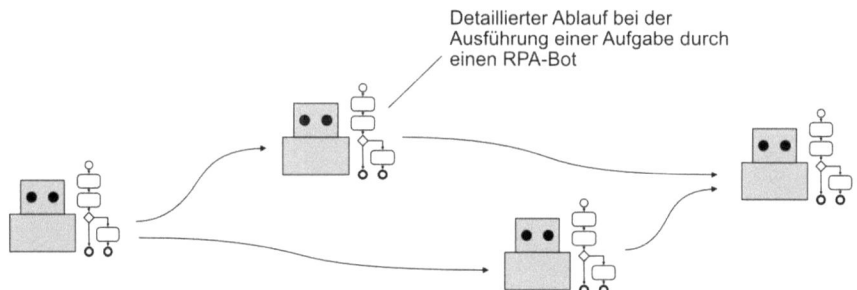

Abbildung 23: RPA-Bots, die sich gegenseitig aufrufen, ermöglichen keine Gesamtsicht auf den Prozess.

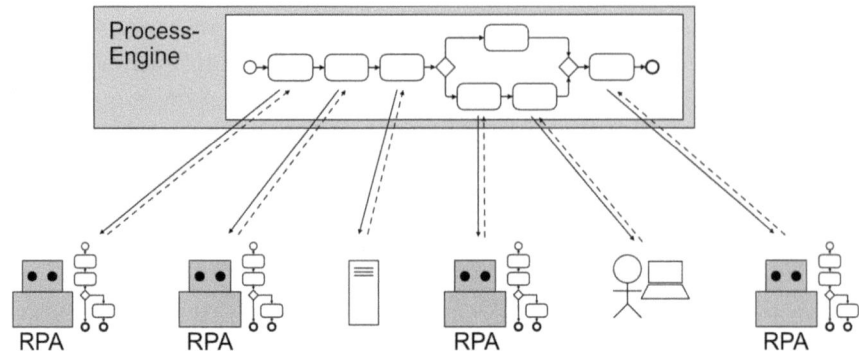

Abbildung 24: Orchestrierung von RPA-Bots durch eine Process-Engine

Die Einstufung als Übergangstechnologie mag insbesondere für einfache, „dumme" Bots zutreffen. Hingegen dürften „intelligente" oder „kognitive" Bots künftig wichtiger werden, da sie komplexere Aufgaben übernehmen, wie z. B. die Analyse von Dokumenten oder Fotos.

Um die bei RPA fehlende durchgängige Prozesssicht zu erreichen, kann eine Verbindung mit einem Business-Process-Management-System (BPMS) sinnvoll sein (vgl. Abschnitt 3.3). Das BPMS ist dann für die übergreifende Prozesssteuerung zuständig, RPA für die Ausführung mancher Einzelschritte in dem Prozess (vgl. Abbildung 24).

Aus Sicht des BPMS stellt es keinen großen Unterschied dar, ob ein Arbeitsschritt von einer herkömmlich programmierten Funktion, einem Menschen oder einem RPA-Bot erledigt wird.

Um den Automatisierungsgrad eines Prozesses zu erhöhen, kann man im ersten Schritt menschliche Routineaufgaben durch RPA automatisieren und Drittsysteme über die Benutzungsoberflächen ansprechen. Mittelfristig können die RPA-Bots dann durch API-basierte Integrationen ersetzt werden. Aufgaben, die menschliches Urteilsvermögen und Kreativität erfordern, werden nach wie vor von Mitarbeiterinnen und Mitarbeitern wahrgenommen. Auch wenn bei einer automatisierten Aufgabe ein Fehler auftritt, kann der entsprechende Fall an einen Menschen weitergeleitet werden.

3.6.11 Einsatzbereiche

Die Tabellen 16 und 17 geben einen Überblick über die Beiträge der Robotic-Process-Automation zu den unterschiedlichen Aufgabenbereichen im Zusammenhang mit der Prozessautomatisierung.

Aufgabenbereich		Erläuterung
Prozess-dokumentation	-	RPA wird eher zur Automatisierung einzelner Aktivitäten eingesetzt. Insofern dokumentieren die Aufzeichnung und z. T. grafische Modellierung der einzelnen Benutzerinnen- und Benutzeraktionen keine Gesamtprozesse, sondern Detailabläufe innerhalb einzelner Aktivitäten.
Prozessanalyse	-	
Prozessentwurf	-	RPA kann hilfreich sein, wenn es darum geht, den automatisierten Ablauf innerhalb einzelner Aktivitäten zu entwerfen (z. B. durch Aufzeichnung von Benutzerinnen- bzw. Benutzeraktionen), aber nicht beim Entwurf von Gesamtprozessen.
Prozess-implementierung	+	Dient der Implementierung und Automatisierung einzelner Aktivitäten, in der Regel aber nicht zur Implementierung kompletter Prozesse.
Prozess-planung	-	
Prozess-steuerung	-	RPA steuert keine kompletten Prozesse. Eine RPA-Aktivität kann zwar andere Aktivitäten anstoßen, doch stellt dies lediglich eine punktuelle Weiterleitung dar.
Ausführung der Arbeitsschritte	++	Dies ist der Schwerpunkt von RPA. Vor allem gut strukturierte Routineaufgaben, die früher von Menschen ausgeführt werden, lassen sich durch RPA-Bots übernehmen. Der Zugriff auf Anwendungen erfolgt dabei über deren Benutzungsoberflächen. Arbeitsschritte können entweder komplett von RPA-Bots übernommen werden („unattended RPA"), oder die Durchführung liegt nach wie vor bei einem Menschen, der aber von einem Bot unterstützt wird („attended RPA") .

Legende: ++ Zentrales Einsatzgebiet der Technologie
          + Leistet einen Beitrag zu dem Aufgabenbereich, es ist aber nicht der Schwerpunkt.
          - Kein wesentlicher Beitrag zu diesem Aufgabenbereich

Tabelle 16: Typische Einsatzbereiche für Robotic-Process-Automation (Teil 1)

Aufgabenbereich		Erläuterung
Prozess-controlling	-	Da RPA keine Gesamtprozesse ausführt, kann es auch nicht für das Controlling kompletter Prozesse eingesetzt werden.
		Gegebenenfalls können Informationen aus RPA beim Monitoring und Controlling von Prozessen verwendet werden. So können RPA-Bots Daten über die Durchführung der einzelnen Aktivitäten erzeugen.
		RPA-Plattformen bieten zudem Funktionen zum Management und Monitoring von RPA-Bots. Hierüber lässt sich beispielsweise feststellen, wenn Bots ausgefallen sind und somit den Prozess blockieren.
Process-Governance	+	Wird eine Aufgabe innerhalb eines Prozesses von einem RPA-Bot durchgeführt, so ist sichergestellt, dass sie jedes Mal korrekt ausgeführt wird.
		Lässt man die einzelnen von den Bots durchgeführten Schritte protokollieren, so kann dies als Nachweis dienen, dass die betreffenden Aktivitäten korrekt ausgeführt wurden. Dies ist eine Voraussetzung für den Nachweis, dass der Gesamtprozess korrekt abgelaufen ist.

Legende: ++ Zentrales Einsatzgebiet der Technologie
+ Leistet einen Beitrag zu dem Aufgabenbereich, es ist aber nicht der Schwerpunkt.
- Kein wesentlicher Beitrag zu diesem Aufgabenbereich

Tabelle 17: Typische Einsatzbereiche für Robotic-Process-Automation (Teil 2)

3.7 Process-Mining und Process-Analytics

Sowohl beim Process-Mining als auch bei Process-Analytics geht es um die Auswertung von Daten, die bei der Durchführung von Geschäftsprozessen entstehen. Process-Mining dient dazu, den genauen Ablauf der durchgeführten Prozesse zu rekonstruieren. Im Fokus von Process-Analytics stehen hingegen die Ermittlung von prozessbezogenen Kennzahlen, die Identifikation von Verbesserungspotenzial sowie generell die Überwachung des Prozessgeschehens – bis hin zu steuernden Eingriffen. Da es viele Überschneidungen zwischen Process-Mining und Process-Analytics gibt, adressieren viele Tools beide Themen gemeinsam.

Prozess	Instanz-ID	Aktivität	Datum und Zeit	Bearbeiterin/Bearbeiter
Auftragsabwicklung	1001	Auftrag erfassen	20.1.; 10:35	Meyer
Auftragsabwicklung	1001	Ware versenden	20.1.; 10:50	Müller
Auftragsabwicklung	1001	Rechnung stellen	21.1.; 08:17	Meyer
Auftragsabwicklung	1002	Auftrag erfassen	20.1.; 11:02	Meyer
Auftragsabwicklung	1002	Dienstleistung erbringen	21.1.; 08:00	Schmidt
Auftragsabwicklung	1002	Rechnung stellen	21.1.; 09:15	Meyer
Rechnungsabwicklung	1810	Rechnung erfassen	20.1.; 15:00	Huber
Rechnungsabwicklung	1810	Rechnerisch prüfen	20.1.; 16:05	Becker
Rechnungsabwicklung	1810	Inhaltlich prüfen	21.1.; 12:00	Schulz
Rechnungsabwicklung	1810	Zahlung anweisen	22.1.; 11:05	Huber
Rechnungsabwicklung	1820	Rechnung erfassen	20.1.; 16:32	Huber
Rechnungsabwicklung	1820	Inhaltlich prüfen	21.1.; 11:12	Bauer
Rechnungsabwicklung	1820	Rechnerisch prüfen	21.1.; 14:10	Becker
Rechnungsabwicklung	1820	Zahlung anweisen	21.1.; 13:50	Huber

Tabelle 18: Ereignisprotokoll

3.7.1 Ereignisprotokolle und Rekonstruktion der Abläufe

Mit Hilfe von Process-Mining möchte man herausfinden, wie die Prozesse tatsächlich ablaufen. Vorausgesetzt wird dabei, dass die zu ermittelnden Prozesse durch Software unterstützt werden. Ideal ist es, wenn ein Prozess komplett durch ein BPMS ausgeführt wird. Dann besitzt das BPMS sämtliche Informationen über den Ablauf aller Instanzen. Doch auch wenn keine solche durchgängige Prozesssteuerung existiert, lassen sich aus den in den Prozessen genutzten Anwendungssystemen, wie z. B. ERP- oder CRM-Systemen, viele prozessbezogene Informationen ermitteln.

Meist protokollieren diese Systeme mit, wer wann was darin gemacht hat. Wertet man diese Ereignisprotokolle aus, so kann man den tatsächlichen Ablauf jeder einzelnen durchgeführten Prozessinstanz nachvollziehen.

Tabelle 18 zeigt ein solches Ereignisprotokoll. Jede Zeile enthält ein Ereignis. So wurde in der Prozessinstanz Nr. 1001 die Aktivität „Auftrag erfassen" des Auftragsabwicklungsprozesses am 20.1. um 10:35 Uhr beendet. Aus den Ereignissen, die zu einer Prozessinstanz gehören, lässt sich deren Ablauf rekonstruieren. So ergibt sich aus den angegebenen Zeitpunkten, dass in der Instanz Nr. 1001 des Auftragsabwicklungsprozesses zunächst die Aktivität „Auftrag erfassen" durchgeführt wurde, dann „Ware versenden" und schließlich „Rechnung stellen". Instanz Nr. 1002 lief ein wenig anders ab. Hier folgte auf die Aktivität „Auftrag erfassen" anstelle von „Ware versenden" die Aktivität „Dienstleistung erbringen", bevor wiederum „Rechnung stellen" ausgeführt wurde. Die Abläufe der beiden Instanzen sind in Abbildung 25 dargestellt.

Wie könnte nun das Modell der Auftragsabwicklung aussehen? In beiden Fällen wurde zu Beginn die Aktivität „Auftrag erfassen" ausgeführt, am Ende „Rechnung erstellen". Dazwischen fand einmal „Ware versenden", das andere Mal „Dienstleis-

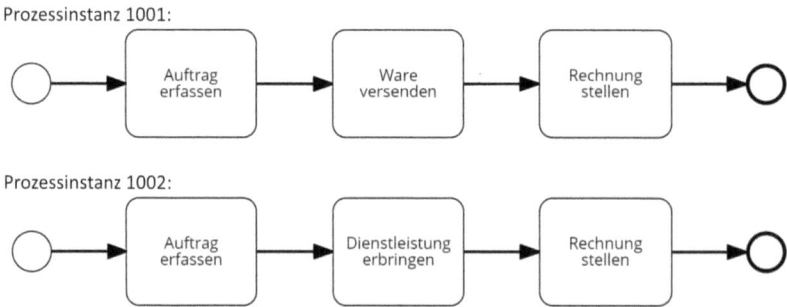

Abbildung 25: Abläufe der zum Prozess „Auftragsabwicklung" gehörenden Instanzen

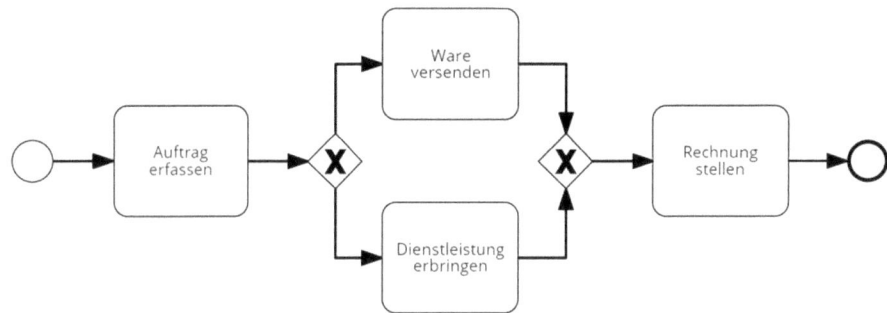

Abbildung 26: Mögliches Prozessmodell des Prozesses „Auftragsabwicklung"

tung erbringen" statt. Demnach scheint es sich bei „Ware versenden" und „Dienstleistung erbringen" um Alternativen zu handeln. Hierzu würde das Prozessmodell aus Abbildung 26 passen, bei dem auf „Auftrag erfassen" eine exklusive Verzweigung folgt, so dass entweder „Ware versenden" oder „Dienstleistung erbringen" durchgeführt wird.

In den beiden Instanzen des Rechnungsabwicklungsprozesses wurden gemäß Tabelle 18 jeweils sowohl die Aktivität „Rechnerisch prüfen" als auch die Aktivität „Inhaltlich prüfen" ausgeführt, allerdings in anderer Reihenfolge (vgl. Abbildung 27). Hierzu passt das Prozessmodell aus Abbildung 28. An dem linken parallelen Gateway wird der Sequenzfluss in zwei Stränge aufgespalten. Diese zwei parallelen Stränge müssen beide durchlaufen werden. Dabei ist die Reihenfolge beliebig. Wichtig ist nur, dass es im Anschluss an den zusammenführenden parallelen Gateway erst weitergeht, wenn beide parallele Stränge abgearbeitet sind. Es werden also immer beide Aktivitäten „Rechnerisch prüfen" und „Inhaltlich prüfen" ausgeführt, aber ohne festgelegte Reihenfolge.

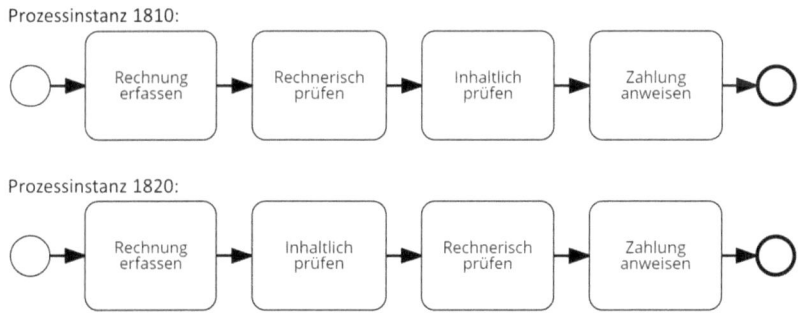

Abbildung 27: Abläufe der zum Prozess „Rechnungsabwicklung" gehörenden Instanzen

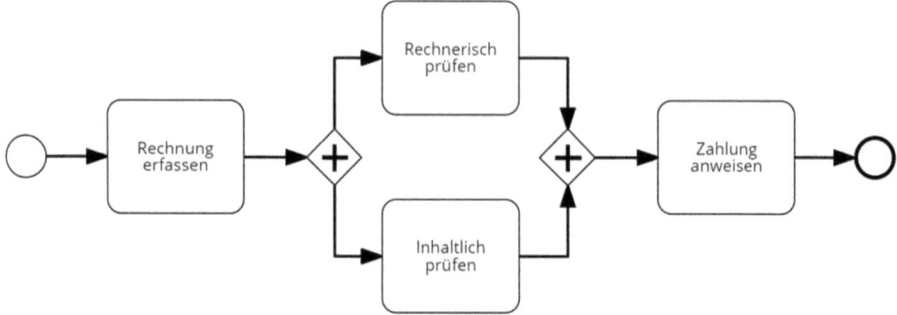

Abbildung 28: Mögliches Prozessmodell des Prozesses „Rechnungsabwicklung"

Ob diese Modelle die beiden Prozesse tatsächlich korrekt wiedergeben, lässt sich allerdings nicht auf der Grundlage von jeweils zwei Prozessinstanzen bestimmen.

Es könnte noch viele andere Instanzen dieser Prozesse geben, in denen weitere Reihenfolgen geändert sind, manche Aktivitäten mehrfach vorkommen, einige Aktivitäten fehlen oder noch ganz andere Aktivitäten enthalten sind.

Erst wenn man sehr viele Instanzen über einen längeren Zeitraum einbezieht, bekommt man ein realistisches Bild von allen vorkommenden Durchführungsvarianten eines Prozesses. Nur wenn in allen Hunderten oder Tausenden von Instanzen der Auftragsabwicklung immer entweder Aktivität „Ware versenden" oder „Dienstleistung erbringen" vorkommt, weiß man, dass die Modellierung mit dem exklusiven Gateway in Abbildung 26 dem in der Realität durchgeführten Prozess entspricht. Auch ob das Modell der Rechnungsabwicklung aus Abbildung 28 zutrifft, lässt sich erst mit Hilfe einer großen Zahl von Prozessinstanzen bestimmen.

3.7.2 Analyse der Prozessinstanzen mit ihren vielfältigen Varianten

Tatsächlich stellt sich beim Process-Mining oft heraus, dass in der Praxis viel mehr verschiedene Varianten vorkommen, als man erwartet hätte. Ein herkömmliches Prozessmodell, das rein auf Basis von Workshops und Interviews erstellt wurde, stellt daher eine idealisierte und vereinfachte Sicht auf den Prozess dar. Das tatsächliche Prozessgeschehen ist meist wesentlich komplexer.

Selbst wenn der eigentlich vorgeschriebene Prozess eine exklusive Verzweigung wie in Abbildung 26 enthält, kommt es etwa vor, dass in Einzelfällen beide Zweige durchlaufen werden. Solche Ausnahmen können mit Hilfe von Process-Mining gefunden und näher untersucht werden. Vielleicht deckt das vorgegebene Prozessmodell nicht alle relevanten Fälle ab. Handelt es sich bei den Abweichungen vom Prozessmodell hingegen um Fehler bei der Prozessausführung, sollte geprüft werden, wie man die Einhaltung des Modells besser sicherstellen kann.

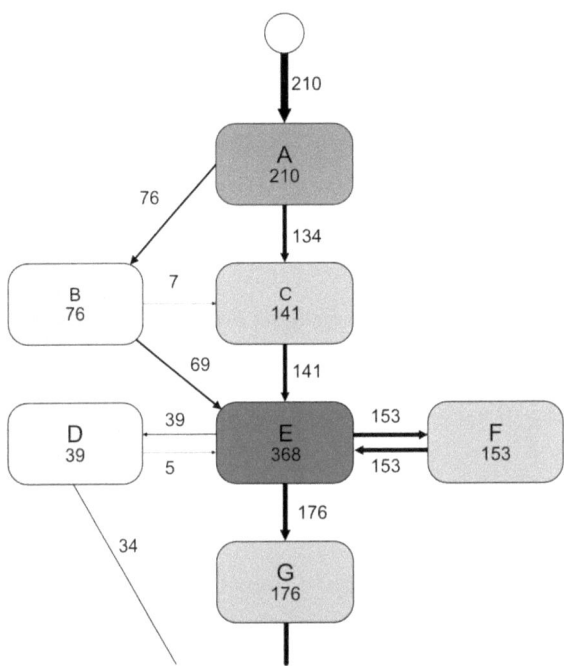

Abbildung 29: Visualisierung der Häufigkeiten, mit der die Verbindungen durchlaufen wurden

Aufgrund der vielfältigen Prozessvarianten lässt sich im ersten Schritt meist noch gar kein BPMN-Modell mit Gateways und Verzweigungsregeln erstellen. Viele Process-Mining-Tools generieren interaktive Übersichtsdarstellungen mit den Abläufen aller untersuchten Instanzen eines Prozesses (vgl. Abbildung 29).

Die Zahlen in Abbildung 29 geben an, wie oft die einzelnen Verbindungen durchlaufen und wie oft die einzelnen Aktivitäten ausgeführt wurden. Um auf einen Blick erkennen zu können, welche Pfade besonders häufig genutzt werden, sind die Pfeile in unterschiedlicher Dicke dargestellt. Ebenso sind die Aktivitäten nach der Häufigkeit ihrer Durchführung verschieden dunkel eingefärbt.

In der Abbildung fällt beispielsweise auf, dass die Schleife zur Aktivität F sehr häufig durchlaufen wird, was auch der Grund dafür sein dürfte, dass Aktivität E sehr oft ausgeführt wird. Solche Auffälligkeiten sollten genauer untersucht werden.

Weist ein Prozess sehr viele Varianten auf, so wird hierdurch die Darstellung mit allen tatsächlich vorkommenden Verzweigungen sehr komplex und unübersichtlich. Daher bieten die meisten Tools die Möglichkeit, die Darstellung so zu filtern,

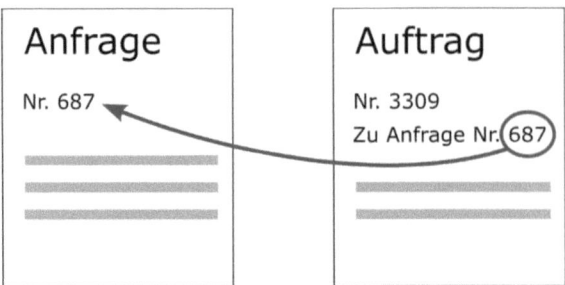

Abbildung 30: Referenzierung der Belegnummer bei zusammengehörenden Belegen

dass nur die Verbindungen mit einer gewissen Mindesthäufigkeit angezeigt werden. Man kann man sich dann auf die häufigeren und somit typischeren Fälle konzentrieren.

Umgekehrt weisen sehr selten durchlaufene Abschnitte auf Sonderfälle und Ausreißer hin. Diese lassen sich ebenfalls gezielt untersuchen.

Process-Mining dient somit einerseits zur automatischen Erhebung und Dokumentation der Istprozesse. Andererseits ermöglicht die Betrachtung und Auswertung einer Vielzahl von einzelnen Prozessinstanzen wesentlich weitergehende Analysen als die Untersuchung eines manuell erstellten Prozessmodells.

3.7.3 Extraktion von Ereignisprotokollen aus Anwendungssystemen

Eine Herausforderung beim Process-Mining ist die Extraktion der Ereignisprotokolle aus den Informationssystemen, die bei der Prozessdurchführung genutzt werden. Oft liegen die Daten in diesen Systemen noch nicht direkt in der für das Process-Mining geeigneten Form vor, wie sie in Tabelle 18 gezeigt wurde. Man muss daher erst herausfinden, welche Daten sich auf eine Prozessinstanz beziehen, und dann eine Exportfunktion programmieren, die das gewünschte Ereignisprotokoll erzeugt. Läuft ein Prozess über mehrere IT-Systeme hinweg, so müssen deren Daten, die in unterschiedlicher Form vorliegen, in geeigneter Weise zusammengeführt werden.

Falls es kein Datenfeld gibt, das sich direkt als Instanz-ID eignet, kann man die Nummern von Belegen heranziehen. Beispielsweise könnte in einem Prozess zunächst ein Anfrageobjekt bearbeitet und später ein Auftrag erstellt werden. Wird in dem Auftrag die Anfrage-Nummer referenziert, so weiß man, welche Anfrage und welcher Auftrag innerhalb derselben Prozessinstanz bearbeitet werden (Abbildung 30).

Viele Hersteller von Process-Mining-Tools stellen vorkonfigurierte Konnektoren für häufig verwendete Standardsoftwaresysteme bereit, z. B. für verschiedene ERP-

oder CRM-Systeme. Hierdurch wird die Einrichtung der Datenextraktion aus diesen Systemen wesentlich vereinfacht.

3.7.4 Objektive Ermittlung der tatsächlichen Abläufe

Process-Mining eignet sich vor allem für Geschäftsprozesse, die sehr häufig ausgeführt werden, und bei denen möglichst viele Arbeitsschritte mit IT-Unterstützung erfolgen.

Ein wesentlicher Vorteil gegenüber anderen Erhebungsmethoden besteht darin, dass objektiv ermittelt wird, wie die Prozesse tatsächlich abgelaufen sind. Bei manuell erstellten Prozessmodellen lässt es sich nie komplett vermeiden, dass individuelle Annahmen, subjektive Einschätzungen und unvollständige Informationen das Ergebnis beeinträchtigen. Process-Mining hingegen bietet eine umfassende Sicht auf das Prozessgeschehen und hilft, die in der Praxis vorhandene Komplexität und Dynamik zu beherrschen. Sind die Routinen für die automatisierte Datenextraktion erst einmal eingerichtet, so können die Auswertungen ohne großen Aufwand regelmäßig wiederholt werden, um z. B. die Auswirkungen von Änderungsmaßnahmen zu überprüfen.

Für Prozesse, die komplett von einem BPMS gesteuert werden, ist durch das ausführbare Modell bereits sichergestellt, dass der Prozess nur so ablaufen kann, wie er definiert wurde. Insofern müssen die Prozessinstanzen und der prinzipielle Ablauf nicht erst rekonstruiert werden. Die entsprechenden Daten liegen in diesem Fall bereits vor und können direkt analysiert werden. Auch bei BPMS-gesteuerten Prozessen kann es für die Analyse wichtig sein, wie oft bestimmten Pfade im Prozessmodell verfolgt wurden, wie häufig die verschiedenen Schleifen durchlaufen wurden, usw.

3.7.5 Einsatz von Process-Mining im Bereich Compliance

Ein weiteres Einsatzgebiet von Process-Mining ist die „Compliance". Dabei geht es darum, sicherzustellen und nachzuweisen, dass ein Unternehmen die geltenden Gesetze, Normen und sonstige Regelungen einhält. Vergleicht man die mittels Process-Mining ermittelten tatsächlichen Abläufe mit einem vorgegebenen Prozessmodell, so lässt sich feststellen, ob und in welcher Weise von dem definierten Prozess abgewichen wurde. Sind zur Erfüllung einer gesetzlichen Anforderung etwa gewisse Prüfschritte erforderlich, so kann man mit Hilfe von Process-Mining feststellen, ob diese Prüfschritte auch in jeder Prozessinstanz durchgeführt wurden.

Verwendet man ein BPMS zur Prozesssteuerung, so stellt dieses eigentlich sicher, dass ein Prozess nur so durchgeführt werden kann, wie er modelliert wurde. Doch werden viele Prozesse eben nicht oder nicht vollständig von einer Process-Engine gesteuert, weshalb Conformance-Überprüfungen mit Hilfe von Process-Mining in der Praxis nützlich sein können.

3.7.6 Nachteile und Grenzen

Ein Nachteil des Process-Mining ist der beträchtliche Aufwand, der insbesondere zu Beginn für die Identifikation, Extraktion und Transformation der Daten anfällt. Zudem müssen auch geeignete Daten vorhanden sein. So werden in selten durchgeführten, lange laufenden Prozessen relativ wenige Ereignisdaten erzeugt. Daher führt Process-Mining bei solchen Prozessen kaum zu interessanten Erkenntnissen.

Zu beachten ist außerdem, dass ein Process-Mining-System nur die Teile eines Prozesses berücksichtigen kann, die auswertbare Ereignisdaten hinterlassen. So werden etwa rein manuelle Aktivitäten nicht einbezogen. Ebenso hinterlassen Aktivitäten, die sehr individuell mit Hilfe von Office-Software, E-Mail etc. bearbeitet werden, sehr unterschiedliche digitale Spuren, die nicht so gut verwertbar sind.

Prinzipiell bekommt das Process-Mining-System auch von dem, was in einer Prozessinstanz zwischen zwei Ereignisprotokoll-Einträgen passiert, nichts mit. Falls das Ereignisprotokoll also an manchen Stellen zu grob ist, führt dies unter Umständen zu einem falschen Bild.

3.7.7 Task-Mining

Als Ergänzung zum Process-Mining kann ggf. das Task-Mining eingesetzt werden. Dabei werden die einzelnen Aktionen der Mitarbeiterinnen und Mitarbeiter protokolliert, also z. B. welche Systeme sie bei der Ausführung einer Aktivität aufrufen, was sie dort eintragen, welche Schaltflächen sie drücken, usw. Dies kann dann mit den Daten der Prozessinstanzen zusammengeführt werden. Task-Mining ist vor allem aber beim Einsatz von Robotic-Process-Automation (RPA) hilfreich, um Software-Bots zu konfigurieren (vgl. Abschnitt 3.6).

Zur Auswertung der oftmals komplexen Nutzerinnen- und Nutzeraktionen werden häufig Verfahren der Künstlichen Intelligenz eingesetzt (vgl. Abschnitt 4.7.2).

Sowohl Task-Mining als auch Process-Mining können prinzipiell dazu genutzt werden, einzelne Mitarbeiter zu kontrollieren. Um entsprechende Probleme zu vermeiden sollte in Absprache mit dem Betriebsrat festgelegt werden, wie die Daten genutzt und z. B. in geeigneter Weise anonymisiert werden.

3.7.8 Process-Analytics

Die beim Process-Mining gewonnenen Daten können auch verwendet werden, um daraus prozessbezogene Kennzahlen zu berechnen. Typische Prozesskennzahlen sind beispielsweise Durchlaufzeiten, Abbruch- und Nacharbeitsquoten, Prozesskosten, Kapazitätsauslastungen und bearbeitete Mengen. Bei entsprechenden quantitativen Auswertungen spricht man auch von „Process-Analytics".

Diese kann als Teil der unternehmensweiten „Business-Analytics" oder „Business-Intelligence" betrachtet werden, die alle Arten von Datenanalysen zur Entscheidungsfindung umfasst.

Traditionell stehen auf Unternehmensebene vor allem finanzielle Kennzahlen im Vordergrund, wie z. B. Umsatz und Rentabilität. Doch auch Kennzahlen, die sich auf Kunden, Märkte, Innovationen, Produktentwicklungen – und eben Prozesse – beziehen, sind von Bedeutung.

Für Prozesse, die von einem BPMS gesteuert werden, können die in diesem System gespeicherten Daten der Prozessinstanzen als Grundlage für die Berechnung von Kennzahlen verwendet werden.

Andererseits gibt es sehr viele Prozesse, die zwar diverse Anwendungssysteme nutzen, aber nicht durchgängig von einer Process-Engine gesteuert werden. In diesen Fällen schafft das Process-Mining die Voraussetzung zur Kennzahlenermittlung.

Die Hersteller von Process-Mining-Software erweitern ihre Systeme zunehmend um Process-Analytics-Funktionalitäten und bieten die Möglichkeit, Kennzahlen zu berechnen, zu visualisieren und zu analysieren. Möchte man die Ursachen für bestimmte Entwicklungen einzelner Kennzahlen herausfinden, so kann man einen „Drill-Down" durchführen, d. h. bis hinunter zu den einzelnen Prozessinstanzen „in die Tiefe bohren",

Rein prozessbezogene Kennzahlen, wie z. B. die Durchlaufzeit von Aufträgen, können bereits für sich sehr nützlich sein. Wenn sich etwa die durchschnittliche Durchlaufzeit verlängert, wird dies frühzeitig erkannt, und es können die Ursachen analysiert und entsprechende Maßnahmen ergriffen werden.

Neben den reinen Prozessdaten sind aber auch Daten über die in den Prozessen genutzten Ressourcen und die bearbeiteten Geschäftsobjekte von Bedeutung. Erhebt man diese Informationen in Verbindung mit den durchgeführten Prozessen, so sind weitergehende Analysen möglich. Stellt man beispielsweise fest, dass die Reklamationsquote für bestimmte Auftragsarten besonders hoch ist, dann kann man gezielt die Prozessinstanzen auswerten, in denen die betreffenden Auftragsarten bearbeitet wurden. Möglicherweise gibt es besondere Gemeinsamkeiten im Ablauf, die das Problem verursachen.

Sind die Werte betriebswirtschaftlicher Kennzahlen außerhalb des gewünschten Bereichs, so liegen die Ursachen hierfür oftmals in den Prozessen. Process-Analytics stellt daher einen wichtigen Baustein für Business-Analytics dar.

3.7.9 Analysen in Echtzeit und steuernde Eingriffe

Bei herkömmlichen analytischen Systemen werden oftmals vor allem Daten aus der Vergangenheit betrachtet, also z. B. die Entwicklung von Kennzahlen über die letzten Monate, Wochen oder Tage. Auch im Process-Mining wertet man häufig die Prozessinstanzen aus, die in einem bestimmten Betrachtungszeitraum der Vergangenheit abgeschlossen wurden.

Für viele Analysen ist dies absolut ausreichend. Doch gibt es auch Entwicklungen und Ereignisse, auf die man in Echtzeit reagieren möchte. So kann es bei plötzlichen Veränderungen einzelner Kennzahlenwerte notwendig sein, schnell zu reagieren. Sinkt beispielsweise die Zahl der ausgeführten Bestellungen abrupt, dann kann dies auf eine akute Störung in einem Prozess hinweisen.

Als Reaktion auf eine solche Störung oder eine sonstige Abweichung kann wiederum ein Prozess durchgeführt werden. Ein derartiger Prozess, in dem die Abweichungsursache gesucht und Maßnahmen zur Behebung des Problems initiiert werden, kann beim Über- oder Unterschreiten festgelegter Grenzwerte automatisch angestoßen werden.

Solche schnellen Reaktionen sind nur möglich, wenn das Process-Mining-Tool das Fortschreiten der laufenden Prozessinstanzen in Echtzeit beobachtet und analysiert. Erkennt das System beispielsweise anhand typischer Muster in den Prozessdaten, dass eine laufende Prozessinstanz möglicherweise nicht rechtzeitig abgeschlossen wird, so kann das System eine Warnung erzeugen – oder auch selbsttätig steuernd eingreifen, um die Terminüberschreitung zu verhindern.

Derartige automatische Eingriffe setzen jedoch voraus, dass das Process-Mining-System nicht nur – wie in Abschnitt 3.7.1 beschrieben – Daten aus den prozessunterstützenden Systemen ausliest, sondern auch Einfluss auf die Prozessausführung hat. Dies bedeutet letztlich, dass das Process-Mining-System zum Teil Aufgaben der Prozesssteuerung übernimmt, wie sie ansonsten von Business-Process-Management-Systemen wahrgenommen werden.

Um problematische Muster in den Daten von Prozessinstanzen zu erkennen und geeignete steuernde Eingriffe zu ermitteln, werden unter anderem Verfahren der Künstlichen Intelligenz eingesetzt (vgl. Abschnitt 4.7).

3.7.10 Einsatzbereiche

In den Tabellen 19 und 20 sind die wichtigsten Einsatzbereiche von Process-Mining und Process-Analytics aufgeführt und erläutert.

Aufgabenbereich		Erläuterung
Prozess-dokumentation	++	Mit Hilfe von Process-Mining kann man aus den verwendeten IT-Systemen ermitteln, wie die einzelnen Prozessinstanzen abgelaufen sind. Hieraus kann man das Prozessmodell des Istprozesses erzeugen. Anders als bei manueller Modellierung ist sichergestellt, dass die tatsächlichen Abläufe abgebildet sind. Mittels Task-Mining können Detailabläufe bei der Durchführung einzelner Arbeitsschritte ermittelt und dokumentiert werden.
Prozessanalyse	++	Auf Basis der durch das Prozesscontrolling gewonnenen Erkenntnisse (s. u.) können aufgetretene Probleme identifiziert werden. Um mögliche Ursachen für diese Probleme zu finden, kann man die betroffenen Prozessinstanzen detaillierter betrachten. Beispielsweise kann man untersuchen, welche Gemeinsamkeiten alle Instanzen aufweisen, die zu lange gedauert haben.
Prozessentwurf	+	Manche Process-Mining-Systeme liefern bereits Ansätze und Vorschläge für Prozessverbesserungen, z. B. aufgrund vergleichbarer Muster aus anderen Prozessen.
Prozess-implemen-tierung	-	
Prozess-planung	-	

Legende: ++ Zentrales Einsatzgebiet der Technologie
         + Leistet einen Beitrag zu dem Aufgabenbereich, es ist aber nicht der Schwerpunkt.
        - Kein wesentlicher Beitrag zu diesem Aufgabenbereich

Tabelle 19: Typische Einsatzbereiche für Process-Mining und Process-Analytics (Teil 1)

Aufgabenbereich		Erläuterung
Prozess-steuerung	+	Es existieren Ansätze, mit Hilfe von Process-Mining-Erkenntnissen und Echtzeit-Datenanalysen den wahrscheinlichen weiteren Verlauf einer laufenden Prozessinstanz zu prognostizieren um dann automatisch steuernd einzugreifen.
Ausführung der Arbeitsschritte	-	
Prozess-controlling	++	Es werden systemübergreifend die einzelnen Prozessinstanzen ermittelt, wie sie tatsächlich abgelaufen sind. Hieraus lassen sich u. a. Kennzahlen bestimmen, wie z. B. Durchlaufzeiten oder Fehlerquoten. Zusätzlich können weitere Daten, wie z. B. die im Prozess bearbeiteten Nutzdaten (Daten über Aufträge, Zahlungen, usw.) hinzugezogen und nach verschiedensten Kriterien analysiert werden.
Process-Governance	++	Es lässt sich dokumentieren, wie die einzelnen Prozessinstanzen tatsächlich abgelaufen sind, und ob dies dem vorgeschriebenen Prozess entspricht.

Legende: ++ Zentrales Einsatzgebiet der Technologie
              +   Leistet einen Beitrag zu dem Aufgabenbereich, es ist aber nicht der Schwerpunkt.
              -     Kein wesentlicher Beitrag zu diesem Aufgabenbereich

Tabelle 20: Typische Einsatzbereiche für Process-Mining und Process-Analytics (Teil 2)

4 Weitere Technologien und Systeme mit Bezug zu Geschäftsprozessen

Neben den im vorangehenden Abschnitt besprochenen prozessbezogenen Systemen gibt es noch zahlreiche weitere Technologien und Ansätze, bei denen die Prozesse zwar nicht unbedingt im Mittelpunkt stehen, die aber dennoch häufig eine Rolle bei der Prozessautomatisierung spielen. Im Folgenden werden einige wichtige Vertreter kurz vorgestellt. Dabei liegt der Schwerpunkt der Ausführungen jeweils auf dem Bezug zu den Prozessen.

4.1 Individualsoftware

Nach wie vor werden viele Softwaresysteme ganz klassisch programmiert. Dies ist insbesondere für sehr spezielle Anwendungsbereiche und sehr individuelle Anforderungen erforderlich, für die es keine geeignete Standardsoftware gibt.

Wird die Individualsoftware bei der Durchführung von Geschäftsprozessen eingesetzt, so stellen die im Rahmen des Prozessentwurfs entwickelten Prozessmodelle und Beschreibungen Anforderungen dar, die in der Softwareentwicklung umgesetzt werden müssen.

Auch bei einer Individualentwicklung wird nicht alles von Grund auf neu programmiert. Vielmehr werden in so gut wie jedem größeren Softwareprojekt existierende Programmbibliotheken, Frameworks und Komponenten verwendet. So wird kaum jemand auf die Idee kommen, eine eigene Datenbank zu programmieren. Vielmehr greift man auf eines der am Markt erhältlichen, erprobten Datenbanksysteme zurück.

Wenn es um Abläufe geht, so wird deren Steuerung in vielen Fällen ganz klassisch programmiert. Bei relativ einfachen Abläufen ist dies auch sinnvoll. Sollen beispielsweise einige Funktionen in einer bestimmten Reihenfolge ausgeführt werden, so lässt sich das problemlos mit Hilfe einer gängigen Programmiersprache implementieren.

Oftmals gibt es aber weitergehende Anforderungen an die Prozesssteuerung. Z. B. müssen langlaufende Prozesse verwaltet werden, bei denen auf bestimmte Ereignisse gewartet wird. Dabei soll der aktuelle Bearbeitungszustand der einzelnen Prozessinstanzen gespeichert werden, damit er auch nach einem Systemausfall noch verfügbar ist. Oder es muss innerhalb eines Prozesses auf mögliche Fehler reagiert werden, wobei schon durchgeführte Aktionen wieder rückgängig gemacht werden sollen.

All dies selbst zu programmieren ist sehr aufwändig. In solchen Fällen ist es sinnvoller, auch für die Prozesssteuerung eine vorgefertigte Komponente in Form einer Process-Engine einzusetzen (vgl. Abschnitt 3.3). Diese enthält die angesprochenen Features zur Verwaltung und Ausführung von Prozessen. Zudem können die Prozesse in Form grafischer BPMN-Modelle spezifiziert und auch leicht wieder geändert werden.

Typischerweise verrichtet die Process-Engine in einem solchen Szenario ihre Arbeit im Hintergrund, d. h. die Benutzerinnen und Benutzer merken gar nicht, dass die Steuerung von einer Process-Engine ausgeführt wird.

Technisch wird eine Process-Engine entweder als Komponente in das Softwaresystem integriert, oder sie läuft als eigenständiges System auf einem Server und kommuniziert mit der Individualsoftware über eine Schnittstelle.

Spielt die Prozesssteuerung in dem benötigten Softwaresystem eine zentrale Rolle und muss beispielsweise das Zusammenspiel von verschiedenen Systemen und auch Benutzerinnen und Benutzern koordiniert werden, sollte man prüfen, ob es überhaupt sinnvoll ist, eine Individualentwicklung im herkömmlichen Sinne durchzuführen. Stattdessen könnte man die betreffenden Prozesse von Vornherein mit Hilfe eines BPMS automatisieren. Gegebenenfalls benötigte spezielle Funktionalitäten könnten dann in Form separater Software-Services programmiert werden, die von der Process-Engine aufgerufen werden. Eine solche Architektur wird in Abschnitt 4.4 beschrieben.

Auch wenn es für komplexere Prozesssteuerungen meist nicht empfehlenswert ist, sie selbst zu entwickeln, kann es sehr wohl sinnvoll sein, die von den Prozessen aufgerufenen Software-Services individuell zu programmieren. Dies trifft insbesondere dann zu, wenn es für die benötigte Funktionalität weder eine geeignete Standardsoftware-Komponente, noch einen geeigneten Cloud-Service gibt, und die entsprechende Logik auch nicht durch ein Decision-Modell beschrieben werden kann.

Tabelle 21 fasst die möglichen Einsatzbereiche von Individualsoftware bei der Prozessautomatisierung zusammen.

Aufgabenbereich		Erläuterung
Prozess-dokumentation	-	
Prozessanalyse	-	
Prozessentwurf	-	
Prozess-implemen-tierung	+	Eine Ablaufsteuerung kann mit einer herkömmlichen Programmiersprache entwickelt werden, was bei sehr einfachen Prozessen sinnvoll ist.
Prozess-planung	-	
Prozess-steuerung	+	Die Steuerung einfacher Prozesse kann durch hart programmierte Ablauflogik erfolgen. Dabei gibt es jedoch keine spezielle Unterstützung für weitergehende Aufgaben wie die Verwaltung und Speicherung von Prozessinstanzen, Monitoring oder Fehlerbehandlung. Werden solche Features benötigt, müssen sie individuell programmiert werden.
Ausführung der Arbeitsschritte	++	Die im Rahmen von Prozessen ausgeführten Funktionalitäten, Benutzerinteraktionen etc. können klassisch programmiert werden.
Prozess-controlling	-	
Process-Governance	-	

Legende: ++ Zentrales Einsatzgebiet der Technologie
    + Leistet einen Beitrag zu dem Aufgabenbereich, es ist aber nicht der Schwerpunkt.
    - Kein wesentlicher Beitrag zu diesem Aufgabenbereich

Tabelle 21: Typische Einsatzbereiche für Individualsoftware

4.2 Standardsoftware

Für zahlreiche Anwendungsbereiche steht heute leistungsfähige Standardsoftware zur Verfügung. Soll ein Standardsoftwaresystem zur Unterstützung von Geschäftsprozessen eingesetzt werden, so können die im Prozessentwurf erstellten Modelle und Beschreibungen zunächst genutzt werden, um während der Softwareauswahl erst einmal festzustellen, ob ein ins Auge gefasstes System überhaupt geeignet ist.

Auch bei der Einführung der Standardsoftware und dem Customizing, d. h. der Anpassung an unternehmensspezifische Besonderheiten, stellen die Prozessmodelle eine wichtige Quelle für Anforderungen dar. Manche Hersteller bieten spezielle Vorgehensweisen und Tools an, mit denen ihr Standardsoftwaresystem auf Basis der vom Anwenderunternehmen benötigten Prozesse konfiguriert werden kann.

4.2.1 Betriebswirtschaftliche Transaktionssysteme

Im betriebswirtschaftlichen Bereich handelt es sich bei Standardsoftwaresystemen vorwiegend um Transaktionssysteme, wie z. B. Systeme für das Enterprise-Resource-Planning (ERP), d. h. die integrierte Unterstützung aller betrieblichen Funktionsbereiche, oder das Kundenbeziehungsmanagement (Customer-Relationship-Management, CRM). Herkömmlich stehen in diesen Systemen die einzelnen Transaktionen im Vordergrund, wie z. B. das Anlegen eines Auftrags. Meist kümmern sich diese Systeme hingegen nicht um die komplette Ausführung übergreifender Ende-zu-Ende-Prozesse.

Das ist auch der Grund dafür, dass Process-Mining-Systeme die Prozesse in vielen Fällen aus den erstellten Belegen, wie z. B. Aufträgen, Rechnungen etc. rekonstruieren müssen (vgl. Abschnitt 3.7.3).

Wenn an einigen Stellen kleinere Abläufe ausgeführt werden, sind diese meist nicht frei konfigurierbar, sondern mehr oder weniger fest programmiert.

Manche betriebswirtschaftliche Standardsoftwaresysteme verfügen allerdings auch über Workflowkomponenten, mit denen – wie mit eigenständigen BPMS – Prozesse modelliert und ausgeführt werden können. Sie basieren auf dem in Abschnitt 3.3 beschriebenen Konzept einer Process-Engine. Dabei sind sie meist gut in das betreffende Standardsoftwaresystem integriert. Daher ist es recht einfach, Prozesse zu automatisieren, die hauptsächlich innerhalb dieses Systems ablaufen. Hingegen lässt sich nicht automatisch davon ausgehen, dass eine solche Workflowkomponente sämtliche Features eigenständiger BPMS-Produkte bietet.

Welche Rolle betriebswirtschaftliche Standardsoftwaresysteme im Rahmen der Prozessautomatisierung spielen können, ist in den Tabellen 22 und 23 zusammengefasst.

Aufgabenbereich		Erläuterung
Prozess-dokumentation	-	
Prozessanalyse	-	
Prozessentwurf	+	Für manche Standardsoftwaresysteme gibt es Tools, mit denen die Software an die Prozesse des Unternehmens angepasst werden kann. Mit diesen Tools lassen sich die systemgestützten Prozesse spezifizieren. Falls eine Workflowkomponente enthalten ist, werden die zu steuernden Prozesse modelliert (vergleichbar BPMS, aber mit Fokus auf der Steuerung von Abläufen innerhalb des Standardsoftwaresystems).
Prozess-implemen-tierung	+	Standardsoftwaresysteme werden so konfiguriert, dass sie die Prozesse möglichst gut unterstützen (z. B. durch Auswahl der benötigten Transaktionen), hierbei werden die mit den oben genannten Tools erstellten Spezifikationen umgesetzt. Falls eine Workflowkomponente enthalten ist, stellen deren ausführbaren Modelle die Implementierung der Prozesse dar.
Prozess-planung	+	Standardsoftwaresysteme können Planungskomponenten enthalten, z. B. Terminplanungen für Aufträge, Produktionsplanungen etc. Diese sind auf spezielle Aufgaben ausgerichtet, nicht auf allgemeine Prozesse.

Legende: ++ Zentrales Einsatzgebiet der Technologie
  +   Leistet einen Beitrag zu dem Aufgabenbereich, es ist aber nicht der Schwerpunkt.
  -   Kein wesentlicher Beitrag zu diesem Aufgabenbereich

Tabelle 22: Typische Einsatzbereiche für betriebliche Standardsoftware (Teil 1)

Aufgabenbereich		Erläuterung
Prozess-steuerung	+	Für verschiedene Aufgaben werden kleinere Abläufe durch die Software gesteuert, meist ist dies mehr oder weniger fest programmiert. Falls eine Workflowkomponente enthalten ist, steuert sie die Prozesse, ähnlich wie bei einem BPMS – wobei aufgrund der engen Integration vor allem Funktionalitäten der betreffenden Standardsoftware aufgerufen werden.
Ausführung der Arbeitsschritte	++	Die von der Standardsoftware bereitgestellten Transaktionen werden ausgeführt. Interaktionen erfolgen dabei über vorgegebene oder angepasste Benutzungsdialoge.
Prozess-controlling	-	
Process-Governance	-	Transaktionssysteme speichern elektronische Belege, aus denen man mit Hilfe von Process-Mining die abgelaufenen Prozesse rekonstruieren kann – und damit die Einhaltung vorgegebener Prozesse

Legende: ++   Zentrales Einsatzgebiet der Technologie
         +   Leistet einen Beitrag zu dem Aufgabenbereich, es ist aber nicht der Schwerpunkt.
         -    Kein wesentlicher Beitrag zu diesem Aufgabenbereich

Tabelle 23: Typische Einsatzbereiche für betriebliche Standardsoftware (Teil 2)

4.2.2 Beispiel: Ticket-Systeme

Es gibt auch Standardsoftwaresysteme, die speziell auf bestimmte Arten von Prozessen ausgerichtet sind. Ein Beispiel hierfür stellen Ticket- oder Helpdesk-Systeme dar, mit denen die Bearbeitung von Kundenanfragen oder Störungsmeldungen abgewickelt wird. Für jede Anfrage wird darin ein elektronisches „Ticket" erstellt. In dem Ticket werden alle Informationen zu dem jeweiligen Fall gespeichert. Hierzu gehören auch der aktuelle Bearbeitungsstand und die Historie der bereits durchgeführten Aktivitäten.

Ein möglicher Einsatzbereich ist die Bearbeitung von Störungsmeldungen im IT-Support, das sogenannte „Incident-Management" (vgl. [Al20b], [KoKu20]). Neben der Beschreibung und Klassifikation der aufgetretenen Störung wird in einem Ticket erfasst, in welcher Hard- und Softwareumgebung die Störung aufgetreten ist und welche Schritte zur Behebung der Störung bereits unternommen wurden. Gegebenenfalls wird das Ticket an eine Expertin oder einen Experten für die betreffende Art der Störung weitergeleitet. Ist die Störung schließlich behoben, so wird dies ebenfalls vermerkt und das Ticket wird geschlossen.

Man kann auch auf die Störungs- und Lösungsbeschreibungen früherer Tickets zugreifen. Dadurch lässt sich feststellen, ob eine vergleichbare Störung schon einmal aufgetreten ist und wie sie damals behoben wurde.

Prinzipiell lassen sich die Prozesse, die mit Hilfe eines Ticket-Systems abgewickelt werden, auch durch BPM-Systeme oder ggf. Adaptive-Case-Management-Systeme unterstützen, wie sie in Abschnitt 3.3 bzw. 3.5 beschrieben wurden. Im Gegensatz zu diesen Systemen sind Ticket-Systeme auf einen bestimmten Anwendungsbereich spezialisiert. Sie bringen für diesen Anwendungsbereich bereits vordefinierte Prozesse, Datenstrukturen und Benutzungsdialoge sowie ggf. weitere spezielle Features mit. Bei einem BPMS oder einem Adaptive-Case-Management-System müsste dies alles erst aufwändig modelliert und konfiguriert werden. Mit einem Ticketsystem ist der Aufwand für die Anpassung und Einführung daher wesentlich geringer.

Auf der anderen Seite wird durch die Entscheidung für ein Ticket-System auf die wesentlich größere Flexibilität von BPM- und Adaptive-Case-Management-System verzichtet. Erweisen sich die vordefinierten Prozesse des Ticket-Systems als doch nicht ganz so passend für den konkreten Einsatzbereich, so kann sich die spezialisierte Ausrichtung des Systems als hinderlich erweisen. Und wenn weitere Prozesse aus anderen Bereichen automatisiert werden sollen, ist die Einführung eines zusätzlichen Systems erforderlich.

Insofern ist eine Abwägung zwischen den Vorteilen der spezifischen Ausrichtung eines Ticket-Systems einerseits und der größeren Flexibilität von BPM- und Adaptive-Case-Management-Systemen andererseits erforderlich.

Manche BPMS-Hersteller bieten auch bereits vordefinierte Prozesse für verschiedene Anwendungsbereiche an. Hierdurch spart man sich den Aufwand, den eigenen Prozess von Grund auf zu modellieren und zu konfigurieren. Zugleich steht einem aber die gesamte Flexibilität des BPMS zur Verfügung, so dass der vorgegebene Prozess beliebig verändert werden kann. Zudem lassen sich auch andere Prozesse auf ein und derselben Plattform implementieren.

In den Tabellen 24 und 25 ist aufgeführt, welche typischen Einsatzbereiche Ticket-Systeme im Zusammenhang mit der Prozessautomatisierung haben. Zu beachten ist hierbei, dass keine beliebigen Prozesse entworfen und ausgeführt werden können, da der Schwerpunkt nur auf einer bestimmten Art von Prozessen liegt, nämlich Prozessen zur Anfrage- oder Störungsbearbeitung.

Aufgabenbereich		Erläuterung
Prozess-dokumentation	-	
Prozessanalyse	-	
Prozessentwurf	+	Es können keine beliebigen Prozesse modelliert werden, aber es besteht die Möglichkeit, Prozesse zur Bearbeitung von Anfragen, Störungen u. ä. anzupassen und individuell auszugestalten.
Prozess-implemen-tierung	+	Ticket-System enthalten Implementierungen der Ablauflogik, Benutzungsoberflächen, Datenstrukturen etc. für Prozesse zur Bearbeitung von Anfragen, Störungen u. ä.
Prozess-planung	+	Je nach System kann ggf. eine Planungskomponente integriert sein, z. B. um Vor-Ort-Termine zeitlich zu planen oder Anfragen bestimmten Teams oder Personen zuzuordnen.

Legende: ++ Zentrales Einsatzgebiet der Technologie
          + Leistet einen Beitrag zu dem Aufgabenbereich, es ist aber nicht der Schwerpunkt.
         - Kein wesentlicher Beitrag zu diesem Aufgabenbereich

Tabelle 24: Typische Einsatzbereiche für Ticket-Systeme (Teil 1)

Aufgabenbereich		Erläuterung
Prozess-steuerung	+	Es werden Prozesse zur Bearbeitung von Anfragen, Störungen u. ä. gesteuert.
Ausführung der Arbeitsschritte	++	Es werden vorgegebene oder angepasste Benutzungs-dialoge zur Erfassung von Daten verwendet, die bei der Anfrage- oder Störungsbearbeitung entstehen. Auch automatisierte Bearbeitungsschritte können ent-halten sein, z. B. automatisierte Informationen an die Kundinnen und Kunden, automatisierte Diagnosen oder Konfigurationsschritte.
Prozess-controlling	+	Gegebenenfalls können Kennzahlen für Anfrage- oder Störungsbearbeitungsprozesse erhoben werden, z. B. die Quote der innerhalb einer zugesagten Frist beant-worteten Anfragen, Störungsbehebungsdauern, etc.
Process-Governance	+	Durch die Bearbeitung mit Hilfe eines Ticket-Systems wird die Einhaltung der betreffenden Prozesse sicher-gestellt. Mit Hilfe der gespeicherten Daten lässt sich ggf. nachweisen, wie die Bearbeitung tatsächlich ablief.

Legende: ++ Zentrales Einsatzgebiet der Technologie
+ Leistet einen Beitrag zu dem Aufgabenbereich, es ist aber nicht der Schwerpunkt
- Kein wesentlicher Beitrag zu diesem Aufgabenbereich

Tabelle 25: Typische Einsatzbereiche für Ticket-Systeme (Teil 2)

4.2.3 Enterprise-Content-Management-Systeme

Enterprise-Content-Management-Systeme (ECMS) dienen der Verwaltung, Verarbeitung und Speicherung von Dokumenten und sonstigen Inhalten. Als Weiterentwicklung der früheren Dokumentenmanagement-Systeme werden ECMS dazu genutzt, alle Arten von Inhalten zu managen, wie z. B. Videos, Bilder oder Texte auf Webseiten (vgl. [GöMa23], [Ri19]).

Auch viele ECMS enthalten Workflowkomponenten, mit denen die Prozesse, die für die Erstellung und die Verarbeitung von Inhalten zuständig sind, gesteuert werden. So durchlaufen viele Dokumente einen Lebenszyklus, der unter anderem die Erstellung, Prüfung, Freigabe, Aktualisierung und Archivierung umfassen kann. Dabei kooperieren verschiedene Beteiligte miteinander.

Auch in ECMS können bereits vordefinierte Prozesse enthalten sein, die man an die eigenen Bedürfnisse anpassen kann. Sie sind speziell auf die Unterstützung Content-bezogener Prozesse ausgerichtet. Die Workflowkomponente eines ECMS hat im Vergleich zu einem allgemeinen BPMS unter anderem den Vorteil, dass Texteditoren, sonstige Redaktionswerkzeuge, Ablage- und Suchfunktionen eng integriert sind.

ECMS können zudem eingesetzt werden, um eine prozessorientierte Dokumentationsstruktur aufzubauen (vgl. [StMü14]). Wie in Abschnitt 3.2.2 erläutert, ist es vielfach erforderlich, zu einzelnen Prozessen die zugehörigen Dokumentationen, Arbeitsanweisungen u. ä. aufzufinden. Hierzu enthalten ECMS nützliche Features. So kann man Inhalte klassifizieren, mit Schlagworten versehen oder in hierarchische Navigationsstrukturen einordnen.

Verlinkt man die in einem Prozessportal veröffentlichten Prozessmodelle mit den zugehörigen Kategorien und Schlagwörtern im ECMS, so können zu jedem Prozess leicht die zugehörigen Dokumente und Inhalte aufgefunden werden.

Tabelle 26 fasst die typischen Einsatzbereiche von ECMS bei der Prozessautomatisierung zusammen. Auch hier ist wieder zu beachten, dass ECMS nicht für beliebige Prozesse, sondern nur speziell für Content-bezogene Prozesse geeignet sind.

Aufgabenbereich		Erläuterung
Prozess-dokumentation	+	ECMS können dazu eingesetzt werden, Dokumente und Informationen zu den Prozessen zu verwalten und verfügbar zu machen. Dies ist beispielsweise für den Aufbau integrierter Management-Systeme hilfreich.
Prozessanalyse	-	
Prozessentwurf	+	Es können keine beliebigen Prozesse entworfen werden, aber Prozesse zur Bearbeitung und Verwaltung von Content können angepasst und individuell ausgestaltet werden.
Prozess-implementierung	+	ECMS enthalten Implementierungen von Prozessen zur Bearbeitung und Verwaltung von Content, inklusive Benutzungsoberflächen, geeigneten Datenstrukturen etc. Zudem können verschiedene Arten von Editoren und sonstige Tools zur Content-Erstellung eingebunden sein.
Proz.planung	-	
Prozess-steuerung	+	ECMS können Prozesse zur Bearbeitung und Verwaltung von Content steuern.
Ausführung der Arbeitsschritte	++	Es werden vorgegebene oder angepasste Benutzungsdialoge verwendet, mit denen Content und Content-bezogene Daten bearbeitet werden. Hierbei können auch verschiedene Editoren und Tools zur Content-Erstellung eingebunden sein.
Prozess-controlling	-	
Process-Governance	+	Durch die Nutzung eines ECMS wird die Einhaltung der betreffenden Prozesse sichergestellt. Mit Hilfe der gespeicherten Daten lässt sich ggf. nachweisen, wie die Bearbeitung tatsächlich ablief.

Legende: ++   Zentrales Einsatzgebiet der Technologie
           +   Leistet einen Beitrag zu dem Aufgabenbereich, es ist aber nicht der Schwerpunkt
           -   Kein wesentlicher Beitrag zu diesem Aufgabenbereich

Tabelle 26: Typische Einsatzbereiche für Enterprise-Content-Management-Systeme (ECMS)

4.3 ESB und weitere Integrationsplattformen

In den meisten Unternehmen ist es erforderlich, dass Systeme und Komponenten miteinander kommunizieren. Sie können dies direkt tun oder über eine Integrationsplattform.

Bei einer direkten Kommunikation verwendet ein System A die Schnittstelle eines Systems B und ruft darüber beispielsweise eine Funktion auf. Dieser Aufruf muss für das System A programmiert werden.

Falls die beiden Systeme mit unterschiedlichen Technologien realisiert wurden, kann die Anbindung aufwändig sein. Insbesondere die Kommunikation mit Altsystemen ist oft problematisch, während modernere Systeme häufig REST-Schnittstellen anbieten.

Bei REST (Representational State Transfer) handelt es sich um einen verbreiteten Architekturstil für Schnittstellen, der auf den Standardprotokollen des Internets basiert.

Muss man sehr viele Systeme miteinander verbinden, so wird dies ziemlich aufwändig. Man benötigt eine große Anzahl von Punkt-zu-Punkt-Verbindungen. Außerdem sind die beteiligten Systeme recht eng miteinander gekoppelt. Ändert sich beispielsweise die Adresse, über die ein System im Netzwerk aufgerufen wird, so muss diese in allen aufrufenden Systemen angepasst werden.

Zur Lösung dieser und weiterer Integrationsprobleme können spezielle Integrationsplattformen eingesetzt werden, häufig als „Enterprise-Service-Bus" (ESB) bezeichnet. Anstatt jedes System mit jedem anderen System direkt zu verbinden, genügt es, jedes System an die Plattform anzubinden. Sie leitet die Aufrufe dann entsprechend weiter. Meist liefern die Hersteller solcher Integrationsplattformen Adapter mit, die dazu dienen, verschiedene Arten von Systemen und Schnittstellentechnologien anzubinden.

Häufig übernehmen die Plattformen noch weitere Aufgaben. Z. B. ermitteln sie dynamisch Adressen im Netzwerk, oder sie wandeln die übertragenen Daten in ein anderes Format um. Einen Überblick über die verschiedenen Fragestellungen und Lösungsmöglichkeiten, die im Zusammenhang mit der Kommunikation zwischen Softwaresystemen auftreten, bietet die Sammlung von Enterprise-Integration-Patterns in [HoWo03] und auf *enterpriseintegrationpatterns.com*.

Neben synchronen Aufrufen von Funktionen, bei denen immer eine direkte Rückgabe erwartet wird, wird oftmals auch eine asynchrone Kommunikation unterstützt. Dabei sendet ein System Nachrichten an ein oder mehrere andere Systeme. Auf diese Nachrichten werden keine sofortigen Antworten erwartet. Vielmehr kann

94

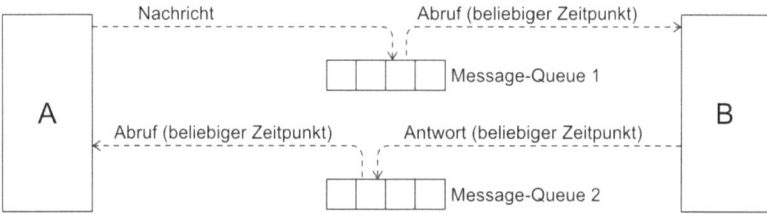

Abbildung 31: Synchrone und asynchrone Kommunikation

ein empfangendes System zu einer beliebigen Zeit eine Antwort schicken – ebenfalls in Form einer Nachricht.

Zur Unterstützung des Nachrichtenaustausches werden „Message-Queues" (Nachrichtenwarteschlangen) eingesetzt. Das sendende System liefert seine Nachricht an die Integrationsplattform, wo sie in einer Warteschlange gespeichert wird. Die Empfängersysteme rufen dann die für sie eingegangenen Nachrichten ab (vgl. Abbildung 31).

Auf diese Weise kann beispielsweise sichergestellt werden, dass auch mobile Apps und andere Systeme, die nicht immer online sind, alle Nachrichten erhalten. Wenn ein System, nachdem es offline war, wieder Verbindung mit dem Netz bekommt, ruft es die neu eingegangenen Nachrichten ab.

Auch können Message-Queues helfen, Überlastungen zu verhindern. Wenn zeitweise mehr Nachrichten eingehen als das Empfängersystem verarbeiten kann, werden sie in die Message-Queue geschrieben und vom Empfängersystem nach und nach abgearbeitet.

Plattformen, die eine solche asynchrone Nachrichtenkommunikation unterstützen, werden auch „Message-Oriented-Middleware" (MOM) genannt, wobei eine MOM auch Teil eines Enterprise-Service-Bus sein kann.

Manche Integrationsplattformen sind auf den Transport von „Big Data", d. h. sehr großen Datenmengen, oder auf die Verarbeitung kontinuierlicher Datenströme spezialisiert.

Was haben solche Plattformen mit der Automatisierung von Geschäftsprozessen zu tun?

Bei der Ausführung eines Prozesses werden oftmals viele verschiedene Systeme aufgerufen. Das Zusammenspiel dieser verschiedenen Systeme kann von einem Business-Process-Management-System (BPMS) orchestriert werden (vgl. Abschnitt 3.3). Dabei ruft das BPMS nacheinander die benötigten Funktionen der beteiligten Systeme auf, übergibt ihnen die benötigten Daten und erhält die Ergebnisdaten zurück. Insofern stellt ein BPMS ebenfalls eine Integrationsplattform dar. Die an dem Prozess beteiligten Systeme müssen nur mit dem BPMS verbunden werden, das sich dann darum kümmert, die Daten im Rahmen des Prozesses weiterzuleiten.

Auch BPMS verfügen über Adapter zu verschiedenen Standardsoftware-Systemen. Und Datentransformationen können ebenfalls von BPMS erledigt werden, z. B. mit Hilfe von Skripten. Falls keine ganz spezifischen Funktionalitäten einer Integrationsplattform benötigt werden, genügt ein BPMS zur Erledigung der Integrationsaufgaben.

Auf der anderen Seite besitzen auch viele ESBs und sonstige Integrationsplattformen eine Ablaufsteuerung. Zum Teil können die Abläufe auch grafisch modelliert werden. In einem typischen Ablauf werden mehrere Systeme nacheinander aufgerufen und dazwischen die notwendigen Datentransformationen durchgeführt. Auch können beispielsweise Verzweigungen in den Abläufen enthalten sein.

Das Prinzip der grafischen Modellierung und der anschließenden Ausführung der Modelle ähnelt der Funktionsweise eines BPMS. Die Automatisierungskomponenten von Integrationsplattformen stoßen allerdings an ihre Grenzen, wenn es etwa darum geht, menschliche Beteiligte einzubeziehen oder langlaufende Prozessinstanzen zu verwalten, usw. Diese Systeme eignen sich meist nur dazu, kleinere Abfolgen von Systemaufrufen zu automatisieren. Insofern stellen sie keine Alternative zu vollwertigen BPMS dar.

Werden bei der Prozessausführung spezielle Funktionalitäten für die Kommunikation mit verschiedenen Systemen benötigt, so kann es auch sinnvoll sein, ein BPMS mit einer geeigneten Integrationsplattform zu kombinieren. Soll beispielsweise innerhalb eines Prozesses asynchron mit verschiedenen Systemen kommuniziert werden, so kann das BPMS mit einer Message-Oriented-Middleware verbunden werden, dort Nachrichten einstellen und abrufen.

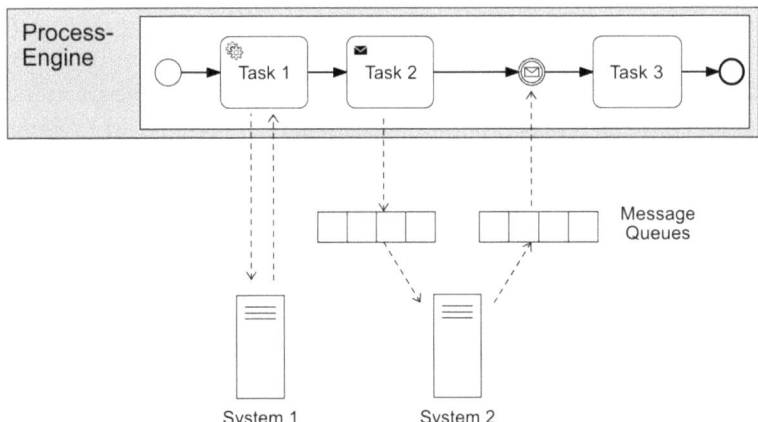

Abbildung 32: Synchrone und asynchroner Aufruf externer Systeme aus einem Prozess heraus

Abbildung 32 zeigt einen in BPMN modellierten, ausführbaren Prozess, der mit externen Systemen kommuniziert. In Task 1 erfolgt ein synchroner Aufruf von System 1. Task 2 initiiert eine asynchrone Kommunikation mit System 2. Anschließend muss der Prozess auf die Antwort von System 2 warten. Dies wird durch das Zwischenereignis mit dem weißen Briefsymbol ausgedrückt.

Zur Anbindung an das Message-Queue-System gehört ein sogenannter „Message-Listener", der ständig prüft, ob neue Nachrichten eingegangen sind, und diese dann an die betreffenden Prozessinstanzen weiterleitet.

In dem Prozess in Abbildung 32 wird davon ausgegangen, dass nach dem Nachrichtenversand in Task 2 auch immer eine Antwortnachricht eingeht. Mit BPMN lässt sich aber auch modellieren, was im Prozess passieren soll, wenn innerhalb einer gewissen Zeit keine Antwortnachricht eingegangen ist. Ein Beispiel hierzu findet sich in Abschnitt 5.1, Abbildung 44.

BPMS können z. B. auch mit Big-Data-Integrationsplattformen verbunden werden. Dabei ist darauf zu achten, dass das verwendete BPMS leistungsfähig genug ist, um gegebenenfalls die anfallenden Datenmengen entsprechend schnell zu verarbeiten.

Man kann beispielsweise auch ein Szenario umsetzen, bei dem die Verarbeitung großer Datenmengen automatisiert auf einer Big-Data-Plattform erfolgt und nur in Einzelfällen – z. B. bei Problemen oder auffälligen Inhalten – ein Prozess in einem BPMS gestartet wird. Dieser Prozess dient dann etwa dazu, dass die betreffenden Inhalte von einer Mitarbeiterin oder einem Mitarbeiter überprüft werden.

Ähnlich kann im Zusammenhang mit dem Internet-of-Things (IOT), dem „Internet der Dinge" vorgegangen werden. Wenn die vernetzten Maschinen und Geräte eines

Unternehmens riesige Mengen an Sensordaten senden, müssen diese Daten zunächst vorverarbeitet werden. Hierfür kommen Complex-Event-Processing-Systeme (CEP) zum Einsatz. Solche Systeme können umfangreiche Daten zu relevanten Ereignissen verdichten und z. B. durch Kombination mehrerer Messwerte feststellen, dass ein bestimmter Fehler aufgetreten ist. Dieses Ereignis kann dann mittels eines synchronen Aufrufs oder einer asynchronen Nachricht an das BPMS gemeldet werden, wo es in einem Prozess verarbeitet wird.

Tabelle 27 enthält die wesentlichen Bereiche, in denen Integrationsplattformen im Zusammenhang mit der Prozessautomatisierung eingesetzt werden. Es wird deutlich, dass es sich aus Sicht der Geschäftsprozesse um eine unterstützende Technologie für die Implementierung handelt.

Aufgabenbereich		Erläuterung
Prozessdokum.	-	
Prozessanalyse	-	
Prozessentwurf	-	Es können kleine Abläufe modelliert werden, die dazu dienen, die Kommunikation zwischen Systemen abzuwickeln. Dabei handelt es sich aber nicht um Geschäftsprozesse im eigentlichen Sinne.
Prozess-implemen-tierung	+	Die in der Integrationsplattform erstellten Modelle für die Kommunikation zwischen Systemen stellen bereits die Implementierung der Abläufe dar. Bei der Implementierung kompletter Geschäftsprozesse können Integrationsplattformen an den Stellen eingesetzt werden, an denen der jeweilige Prozess mit anderen Systemen kommuniziert und entsprechende Anforderungen an die Kommunikation existieren (z. B. hinsichtlich asynchroner Kommunikation).
Prozess-planung	-	
Prozess-steuerung	-	Kleine Abläufe, die der Kommunikation zwischen Systemen dienen, können gesteuert werden. Hierbei können unterschiedlicher Enterprise-Integration-Patterns eingesetzt werden. Es handelt sich aber nicht um Geschäftsprozesse im eigentlichen Sinne.
Ausführung der Arbeitsschritte	-	Es werden lediglich kommunikationsbezogene Aufgaben durchgeführt, z. B. erforderliche Datentransformationen. Dies sind jedoch keine eigentlichen Arbeitsschritte im Sinne eines Geschäftsprozesses.
Prozess-controlling	-	
Process-Governance	-	

Legende: ++ Zentrales Einsatzgebiet der Technologie
          + Leistet einen Beitrag zu dem Aufgabenbereich, es ist aber nicht der Schwerpunkt.
          - Kein wesentlicher Beitrag zu diesem Aufgabenbereich

Tabelle 27: Typische Einsatzbereiche für Integrationsplattformen

4.4 Microservices und andere verteilte Architekturen

4.4.1 Aus Services zusammengesetzte Systeme

Große Softwaresysteme werden heute meist nicht mehr als monolithische Anwendungen entwickelt, die komplett auf einem Server installiert werden. Stattdessen werden sie aus kleineren Softwarekomponenten zusammengesetzt. Diese können auf separate Server verteilt oder auch in der Cloud betrieben werden. Sie lassen sich über definierte Schnittstellen aufrufen und werden als Services bezeichnet.

Ein Client, d. h. eine Komponente, die einen Service aufruft, nutzt dessen Funktionalität über seine Schnittstelle. Sie muss nichts über die dahinter liegende Implementierung wissen. Aus Sicht des Clients ist es daher unerheblich, ob es sich um einen selbst entwickelten Service, eine Funktion einer Standardsoftware oder einen über die Cloud bereitgestellten Service handelt.

Verteilte, aus mehreren Komponenten bestehende Systeme bieten eine höhere Flexibilität als monolithische Anwendungen. Beispielsweise können die einzelnen Komponenten separat weiterentwickelt werden.

Zudem ist es möglich, Komponenten unabhängig voneinander zu skalieren. So kann man von einer Komponente, die viele gleichzeitige Anfragen abwickeln muss, mehrere Instanzen starten. Jede Instanz der Komponente läuft dann auf einem anderen Server. Auf diese Weise können die Anfragen parallel abgearbeitet werden. Von anderen Komponenten, die keine derart hohe Last bewältigen müssen, wird hingegen nur jeweils eine Instanz ausgeführt.

Es gibt verschiedene Varianten der beschriebenen Architektur, die sich unter anderem durch die typische Größe der einzelnen Komponenten und den Grad ihrer Unabhängigkeit unterscheiden. Beispielsweise sieht der von Richards und Ford in [RiFo21] beschriebene „servicebasierte" Architekturstil relativ grobgranulare Services vor, die eine gemeinsame Datenbank nutzen.

Bei dem verbreiteten Architekturstil der Microservices werden hingegen ziemlich kleine Services entwickelt, die jeweils nur eine Aufgabe erfüllen und weitgehend unabhängig voneinander sind. Der hohe Grad an Unabhängigkeit wird unter anderem dadurch erreicht, dass jeder Microservice seinen eigenen Technologie-Stack enthält, insbesondere auch eine eigene Datenbank.

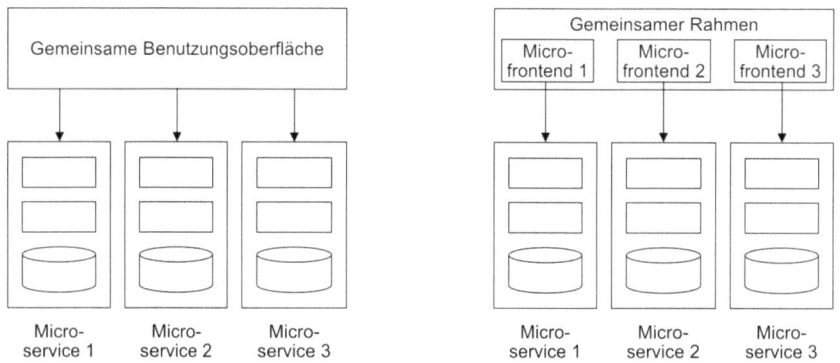

Abbildung 33: Microservices können eine gemeinsame Benutzungsoberfläche oder individuelle Microfrontends verwenden.

Für die Benutzungsoberfläche gibt es ebenfalls unterschiedliche Varianten. So kann man eine übergreifende Benutzungsoberfläche entwickeln, aus der heraus die verschiedenen Services aufgerufen werden. Bei einer zweiten Variante gibt es für jeden Microservice eine eigene Benutzungsoberfläche – ein sogenanntes Microfrontend. Die verschiedenen Microfrontends werden dann in einen Gesamtrahmen integriert, der sich unter anderem um die Navigation kümmert und für das Zusammenspiel der Microfrontends im Sinne einer durchgängigen Bedienung zuständig ist (vgl. Abbildung 33).

4.4.2 Choreographie und Orchestrierung von Services

Die Kommunikation erfolgt im einfachen Fall dadurch, dass ein Service einen anderen Service über dessen Schnittstelle aufruft.

Die Abwicklung eines Geschäftsprozesses erfordert in der Regel das Zusammenspiel mehrerer Services. Prinzipiell kann dies in Form mehrerer gegenseitiger Aufrufe implementiert werden. Beispielsweise kann ein Service zur Auftragsverwaltung einen zweiten Service zur Verfügbarkeitsprüfung aufrufen, der bei positivem Ergebnis der Prüfung einen Service zur Zahlungsabwicklung aufruft, usw. (vgl. Abbildung 34).

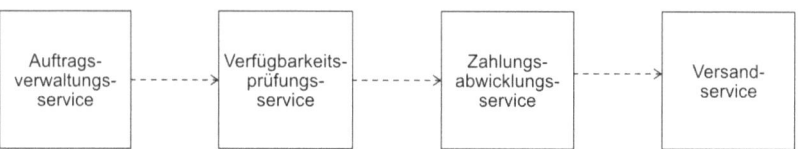

Abbildung 34: Ablaufsteuerung durch gegenseitige Aufrufe der beteiligten Services (Choreographie)

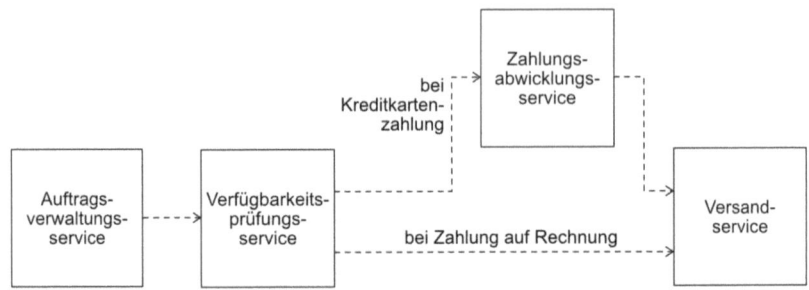

**Abbildung 35: Bei Einführung einer Zahlung auf Rechnung muss der Verfügbarkeitsprü-
fungsservice geändert werden und ggf. direkt den Versandservice aufrufen.**

Ein solches Zusammenspiel zwischen mehreren beteiligten Services ohne zentrale
Steuerung wird als „Choreographie" bezeichnet. Ein wesentlicher Nachteil dieser
Art des Zusammenspiels besteht darin, dass die Ablauflogik über verschiedene Services verstreut ist, und dass sie hart implementiert ist. Das hat zur Folge, dass der
Gesamtablauf nur schwer änderbar ist. Man muss erst mühsam den Zusammenhang der verschiedenen Serviceaufrufe ermitteln und dann alle beteiligten Services
ändern, testen usw.

Die vielen gegenseitigen Aufrufe führen dazu, dass die Services eng miteinander
gekoppelt sind. Änderungen in einem Service erfordern meist auch Änderungen in
anderen Services. Dies widerspricht der Zielsetzung, dass Services möglichst unabhängig voneinander sein sollen

So weiß im Beispiel aus Abbildung 34 der Service zur Verfügbarkeitsprüfung, dass
bei einem positiven Prüfungsergebnis anschließend eine Zahlung erfolgen soll. Was
aber, wenn das Unternehmen beschließt, künftig auch eine Zahlung per Rechnung
anzubieten? Dann muss dem Verfügbarkeitsprüfungsservice beim Aufruf mitgeteilt
werden, welche Zahlungsart gewählt wurde. Entsprechend muss der Service je
nach Zahlungsart entweder den Zahlungsservice aufrufen, oder aber direkt den
Versandservice (vgl. Abbildung 35).

Die verschiedenen Zahlungsaspekte haben aber eigentlich gar nichts mit der Verfügbarkeitsprüfung zu tun. Die Aufgabe einer Verfügbarkeitsprüfung besteht nur
darin, festzustellen, ob eine bestimmte Ware in der gewünschten Menge verfügbar
ist.

Daher wird man die Ablauflogik eher komplett in den Auftragsverwaltungsservice
verlagern. Dieser kann dann zunächst die Verfügbarkeitsprüfung aufrufen und je
nach Prüfungsergebnis und Zahlungsart entweder den Auftrag ablehnen oder den
Zahlungsservice bzw. den Versandservice aufrufen.

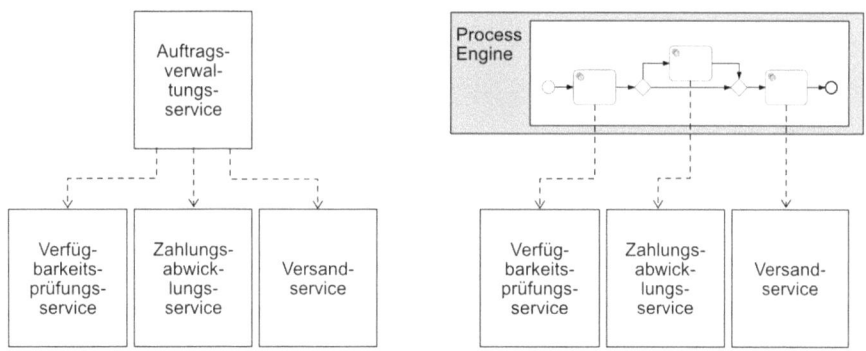

Abbildung 36: Orchestrierung von Services durch einen koordinierenden Service (links) oder durch eine zentrale Process-Engine (rechts)

Auf diese Weise wird der Auftragsverwaltungsservice zum zentralen Koordinator des gesamten Ablaufs. Wird das Zusammenspiel mehrerer Services zentral gesteuert, so stellt dies eine Orchestrierung der Services dar. Wie schon in Abschnitt 4.1 beim Thema Individualsoftware allgemein beschrieben, kann die entsprechende Ablauflogik entweder hart programmiert werden – hier in Form eines koordinierenden Services – oder aber sie wird von einer Process-Engine gesteuert. Die Process-Engine ruft dann bei der Prozessausführung die beteiligten Services über deren Schnittstellen auf (vgl. Abbildung 36).

Die Vorteile einer Process-Engine, wie die grafische Modellierung, die Abwicklung langlaufender Prozesse, eine hohe Prozesstransparenz usw., wurden bereits in Abschnitt 3.3 erläutert.

Weiter oben wurden verschiedene Varianten für die Benutzungsoberfläche beschrieben. Da eine Process-Engine meist Teil eines kompletten BPMS ist, kann man auch dessen Portal mit seinen Task-Listen, Benutzungsdialogen usw. als übergreifende Oberfläche verwenden.

Nicht zuletzt bieten Process-Engines oftmals die Möglichkeit, ausführbare Prozesse in Form von Services bereitzustellen. Wie bereits beschrieben, ist es aus Sicht des jeweiligen Clients unerheblich, wie ein aufgerufener Service implementiert ist. Anstelle von Java-Code oder Ähnlichem kann die Implementierung einer Schnittstelle auch aus einem ausführbaren Prozess bestehen. Auf diese Weise kann ein Prozess von einem anderen Service aufgerufen werden.

4.4.3 Spezielle Herausforderungen bei Microservices

Der oben bereits angesprochene Architekturstil der Microservices sieht eine größtmögliche Unabhängigkeit der Services vor. Microservices sollten so gebildet werden, dass sie eine Aufgabe möglichst vollständig erledigen können, ohne viel mit

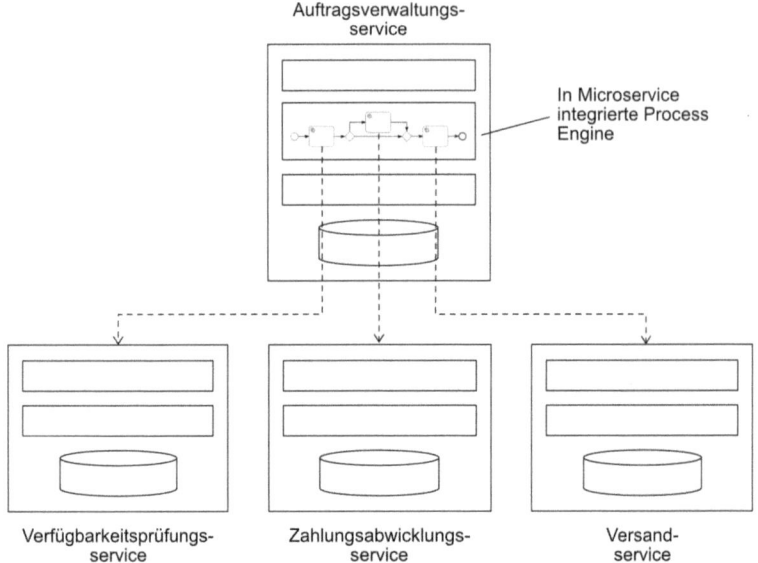

Abbildung 37: Leichtgewichtige Process-Engine als integrierter Bestandteil eines Microservice

anderen Microservices kommunizieren zu müssen. Doch wird man für die Abwicklung eines kompletten Geschäftsprozesses meist nicht darum herumkommen, mehrere Microservices einzubeziehen. Schließlich sollen Microservices klein sein.

Zur Unabhängigkeit gehört auch, dass jeder Microservice über seinen komplett eigenen Technologie-Stack verfügt. Eine für alle Microservices vorgeschriebene zentrale Process-Engine widerspricht diesem Prinzip.

Als Alternative zu einem schwergewichtigen BPMS, das als zentrale Steuerungskomponente für sämtliche Prozesse installiert wird, bietet sich eine leichtgewichtige Process-Engine an, die als Bestandteil eines Microservice installiert werden kann. Im obigen Beispiel enthielte der Auftragsverwaltungsservice dann eine integrierte Process-Engine, die den Prozess der Auftragsabwicklung steuert und für den Aufruf der anderen Services in der richtigen Reihenfolge sorgt (vgl. Abbildung 37).

Für die Steuerung weiterer Prozesse sind dann andere Microservices zuständig, in deren Technologie-Stack sich ebenfalls eine Process-Engine befindet.

Wenn sich Process-Engines innerhalb verschiedener Microservices befinden, hat dies gegenüber einer zentralen Process-Engine den Nachteil, dass für das Prozesscontrolling nicht mehr alle Daten an einer Stelle zur Verfügung stehen. Diese müssen nun von den betreffenden Services bereitgestellt werden. Sie können Informa-

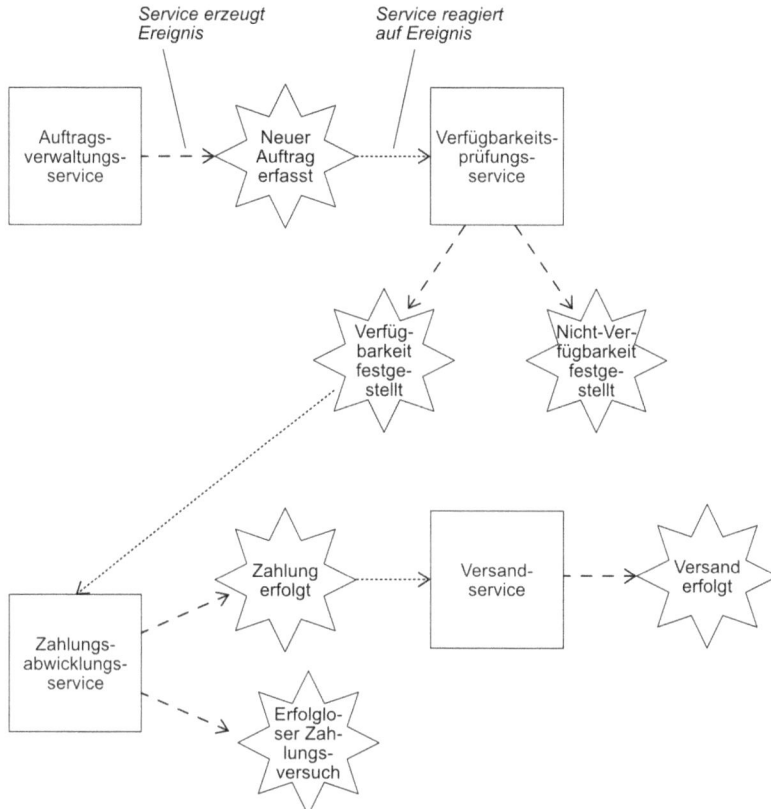

Abbildung 38: Choreographie mit Ereignissen

tionen über die ausgeführten Prozesse beispielsweise in eine Message-Queue schreiben (siehe Abschnitt 4.3). Ein Auswertungsservice kann sie von dort abrufen und in geeigneter Weise für Analysen zusammenführen.

Im Sinne einer möglichst hohen Unabhängigkeit findet die Kommunikation zwischen Microservices häufig nicht in Form direkter Aufrufe, sondern mit Hilfe von Ereignissen statt. Wenn ein Service eine Aufgabe durchgeführt hat, veröffentlicht er darüber ein Ereignis. Die Veröffentlichung von Ereignissen kann ebenfalls über Message-Queues erfolgen. Hierzu legt der jeweilige Service eine Nachricht, die über das Ereignis informiert, in eine Message-Queue. Andere Services, die bei dem Message-Oriented-Middleware-System Nachrichten über bestimmte Arten von Ereignissen abonniert haben, können dann auf dieses Ereignis reagieren.

Eine solche Architektur, bei der die Kommunikation über Ereignisse erfolgt, wird als ereignisgetriebene Architektur („Event-Driven-Architecture") bezeichnet.

Im oben beschriebenen Beispiel der Auftragsabwicklung könnte der Service zur Auftragsverwaltung ein Ereignis „Neuer Auftrag erfasst" veröffentlichen. Der Service zur Verfügbarkeitsprüfung reagiert nun auf dieses Ereignis, indem er prüft, ob die Ware vorhanden ist. Als Ergebnis veröffentlicht er ein weiteres Ereignis „Verfügbarkeit festgestellt" oder „Nicht-Verfügbarkeit festgestellt". Auf das Ereignis „Verfügbarkeit festgestellt" reagiert nun wiederum der Service zur Zahlungsabwicklung, usw. (vgl. Abbildung 38).

Hier hat man es wieder mit einer Choreographie der beteiligten Services zu tun, nur nicht mit direkten Aufrufen, sondern mit einer indirekten Kommunikation über Ereignisse. Der Vorteil der ereignisbasierten Kommunikation besteht darin, dass der sendende Service den empfangenden Service nicht kennen muss. Dies führt zu einer hohen Flexibilität.

Möchte man beispielsweise einen weiteren Service hinzufügen, der die Kundin oder den Kunden darüber informiert, ob die Ware verfügbar ist, dann muss nichts am Verfügbarkeitsservice geändert werden. Es muss nur für den neuen Benachrichtigungsservice festgelegt werden, dass er auf die Ereignisse „Verfügbarkeit festgestellt" und „Ware nicht verfügbar" reagiert.

Auf das Ereignis „Verfügbarkeit festgestellt" reagieren nun zwei Services. Es startet nicht mehr nur die Zahlungsabwicklung, sondern auch die Benachrichtigung der Kundin oder des Kunden (vgl. Abbildung 39).

Das oben beschriebene Problem der Choreographie, dass die Ablauflogik sehr verstreut ist und nur schwer geändert werden kann, besteht allerdings auch dann, wenn sie mit Hilfe von Ereignissen abgewickelt wird. So muss man erst mühsam nachvollziehen, welche Reaktionen ein bestimmtes Ereignis auslöst. Auch in diesem Fall würde die Einführung einer Zahlung auf Rechnung einigen Aufwand bedeuten. Die Zahlungsabwicklung dürfte nicht mehr einfach auf das Ereignis „Verfügbarkeit festgestellt" reagieren. Stattdessen müsste man in der Nachricht zu dem Ereignis nun auch die Zahlungsart bereitstellen, so dass der Zahlungsabwicklungsservice entscheiden kann, ob er Geld einziehen soll.

Alternativ könnte man zwei Ereignisse unterscheiden: „Verfügbarkeit festgestellt zu Auftrag mit Kreditkartenzahlung" und „Verfügbarkeit festgestellt zu Auftrag mit Rechnungszahlung". Dann würde der Zahlungsabwicklungsservice nur auf das erste der beiden Ereignisse reagieren. Auch dies ist keine schöne Lösung, da hier Auftragsdaten und Ereignisse vermischt werden. Eine Verfügbarkeitsprüfung hat ja an und für sich nichts mit der Zahlungsart zu tun.

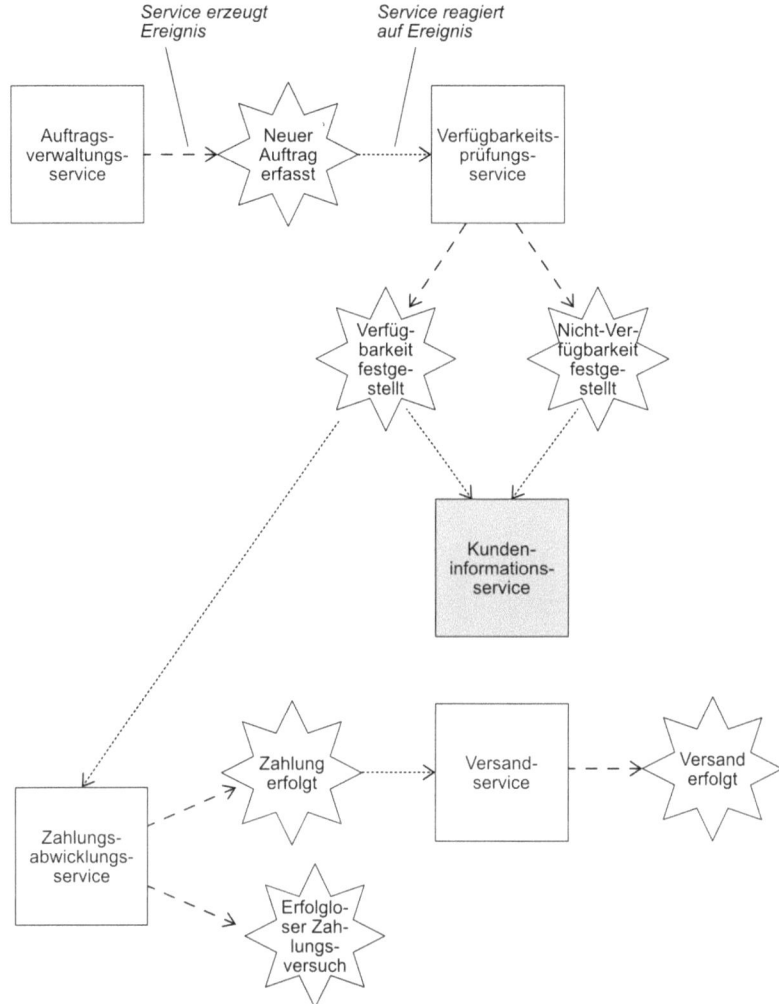

Abbildung 39: Das Hinzufügen des Kundeninformationsservice erfordert keinerlei Änderungen der anderen Services.

Sicherlich ist es für den beschriebenen Ablauf auch möglich, Services und Ereignisse anders zu definieren und so zu einer eleganteren ereignisgetriebenen Choreographie zu gelangen. Das Beispiel illustriert jedoch die grundlegende Problematik.

Es gibt auch Fälle, die weniger problematisch sind. So hat der genannte Service zur Benachrichtigung der Kundin oder des Kunden keine weiteren Auswirkungen im Prozess, weshalb er ohne Weiteres eingefügt werden konnte. Auch der weiter oben

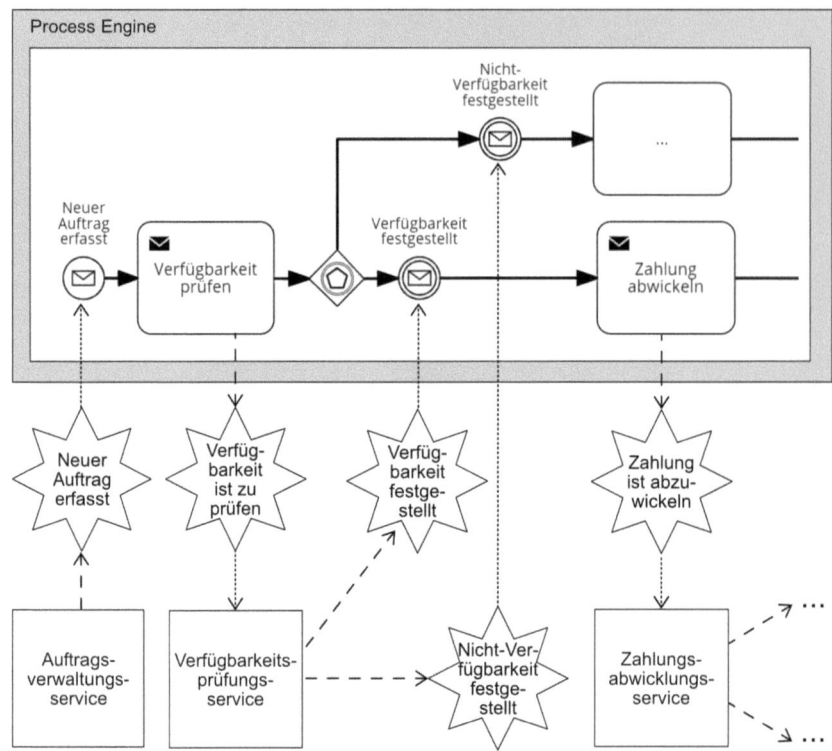

Abbildung 40: Kommunikation einer Process Engine mit Microservices über Ereignisse

beschriebene Service zur übergreifenden Auswertung von Prozessdaten kann problemlos hinzugefügt werden, indem er etwa auf ein Ereignis „Neue Prozessdaten bereitgestellt" reagiert. Auch hier gibt es keine direkte Auswirkung auf den Prozess.

Geht es aber darum, Services bei der Durchführung von Prozessen zu koordinieren, so kommt es zu den genannten Problemen einer mangelnden Transparenz und einer schlechten Änderbarkeit. Insofern sollte man insbesondere bei komplexeren Prozessen in Betracht ziehen, eine Orchestrierung zu verwenden.

Im Übrigen muss die Kommunikation auch bei einer Orchestrierung nicht immer über direkte Aufrufe erfolgen. Eine Kommunikation über Ereignisse ist ebenfalls möglich. Hierbei erzeugt die Process-Engine entsprechend dem Fortschritt des Prozesses Ereignisse, wie z. B. „Verfügbarkeit ist zu prüfen" oder „Zahlung ist abzuwickeln". Darauf reagieren die Services, führen ihre Aufgaben aus und erzeugen wiederum Ereignisse, die von der Process-Engine verarbeitet werden (vgl. Abbildung 40).

Technisch kann die Veröffentlichung und der Empfang von Ereignissen wiederum in Form von Nachrichten erfolgen, die über Message-Queues ausgetauscht werden, wie in Abbildung 32 für asynchrone Aufrufe dargestellt. Ohne auf die Details des BPMN-Modells in der oberen Hälfte von Abbildung 40 einzugehen, lässt sich feststellen, dass die BPMN-Notation sämtliche benötigten Konstrukte für eine Kommunikation mittels Ereignissen enthält.

Die Ereigniskommunikation hat insbesondere den Vorteil, dass die Microservices die Ereignisse asynchron abarbeiten können (vgl. Abschnitt 4.3). Auf diese Weise kann man beispielsweise die Orchestrierung von Prozessen in eine existierende ereignisgetriebene Architektur integrieren. Für die einzelnen Services, die auf Ereignisse reagieren, ist es unerheblich, woher diese Ereignisse stammen – von einem anderen Service oder von einer Process-Engine.

Eine ausführliche Diskussion der hier beschriebenen Thematik findet sich in [Ru21].

Wozu Microservices im Zusammenhang mit der Prozessautomatisierung hauptsächlich eingesetzt werden können, ist in Tabelle 28 zusammengefasst.

Aufgabenbereich		Erläuterung
Prozess-dokumentation	-	
Prozessanalyse	-	
Prozessentwurf	-	
Prozess-implemen-tierung	+	Die in den Prozessen genutzte Anwendungslogik kann in Form loser gekoppelter, weitgehend unabhängiger Microservices implementiert werden. Dieser Architekturstil ist insbesondere bei sehr großen Systemen sinnvoll. Die Ablauflogik kann in einfachen Fällen in Form einer dezentralen Choreographie implementiert werden.
Prozess-planung	-	
Prozess-steuerung	-	Bei komplexeren Prozessen stoßen dezentrale Choreographien an ihre Grenzen. Hierfür empfiehlt sich eine explizite Orchestrierung durch eine oder mehrere Process-Engines – entweder in Form eines zentralen BPMS oder als integrierte Komponenten von Microservices.
Ausführung der Arbeitsschritte	+	Die Anwendungslogik wird in Form von Microservices bereitgestellt und ausgeführt.
Prozess-controlling	-	Controlling-relevante Informationen können in Form von Ereignissen veröffentlicht und von einem spezialisierten Microservice verarbeitet und analysiert werden. Dies muss individuell programmiert werden.
Process-Governance	-	

Legende: ++   Zentrales Einsatzgebiet der Technologie
           +   Leistet einen Beitrag zu dem Aufgabenbereich, es ist aber nicht der Schwerpunkt.
           -   Kein wesentlicher Beitrag zu diesem Aufgabenbereich

Tabelle 28: Typische Einsatzbereiche für Microservices

4.5 Blockchain

Die Blockchain-Technologie ist vor allem als Grundlage für die Implementierung von Bitcoin und anderen digitalen Währungen bekannt. Sie eignet sich aber auch für andere Zwecke, bei denen es darum geht, Transaktionen nachvollziehbar und unveränderbar zu speichern. Z. B. können Käufe und Verkäufe von Wertpapieren oder Waren protokolliert werden.

Bei der Blockchain handelt es sich um eine sogenannte „Distributed-Ledger-Technology" (DLT), also um eine Technologie für verteilte Register.

Bei herkömmlichen Ansätzen werden die Transaktionen meist von einer zentralen, vertrauenswürdigen Stelle verwaltet, wie z. B. einer Bank. Im Gegensatz dazu wird für die Blockchain ein dezentrales, verteiltes Netzwerk verwendet. Dieses Netzwerk umfasst eine größere Zahl von Computern. Auf jedem dieser Computer existiert eine Kopie der Blockchain, die die Daten sämtlicher bereits durchgeführten Transaktionen enthält. Wird eine neue Transaktion durchgeführt, so prüfen alle beteiligten Systeme anhand der der bisherigen Eintragungen, ob die Transaktion möglich ist. So könnte festgelegt sein, dass der Verkauf einer Ware nur erfolgen darf, wenn für die Verkäuferin oder den Verkäufer tatsächlich der Besitz dieser Ware in der Blockchain eingetragen ist. Die Daten über die durchgeführte Transaktion werden schließlich an alle Kopien der Blockchain angehängt.

Es immer nur möglich, neue Daten an die Blockchain anzuhängen. Bestehende Inhalte können dagegen nicht verändert werden. Mit Hilfe kryptographischer Verfahren wird sichergestellt, dass entsprechende Veränderungen unmöglich sind, bzw. sofort erkannt würden. Manipulationen wären sehr aufwändig. Hierzu müsste man einen großen Teil aller am Netzwerk beteiligten Computer kontrollieren.

Die Art der Daten, die zu einer Transaktion hinterlegt werden, ist nicht beschränkt. So kann beispielsweise auch Programmcode in einer Blockchain gespeichert werden. Damit ist es möglich, sogenannte intelligente Verträge („Smart Contracts") zu erstellen. Das sind Verträge, deren Einhaltung automatisch sichergestellt wird. So könnte ein Smart Contract vorsehen, dass bei Wareneingang eine Zahlung fällig wird. Wird nun zu einem bestimmten Auftrag die Bestätigung des Wareneingangs in die Blockchain eingetragen, so wird automatisch der hinterlegte Programmcode ausgeführt, der die Zahlung der vereinbarten Summe auslöst.

Blockchains können für die Abwicklung unternehmensübergreifender Geschäftsprozesse eingesetzt werden. Insbesondere bei Prozesse mit vielen Beteiligten, zwischen denen geringes Vertrauen herrscht, ist es nützlich, wenn die durchgeführten Lieferungen, Zahlungen, Bestätigungen usw. unveränderbar und für alle Beteiligten nachvollziehbar dokumentiert werden. Und je nach Szenario können Smart Contracts zum Einsatz kommen, die vereinbarte Aktionen automatisch auslösen.

Eine solche Blockchain kann gemeinsam von mehreren Firmen betrieben werden, die etwa im Rahmen bestimmter Lieferketten zusammenarbeiten. Hierzu müssen die entsprechenden Choreographien abgestimmt werden, d. h. die Art und Reihenfolge der auszutauschenden Bestätigungen, Waren, Zahlungen etc. Zudem müssen die Beteiligten festlegen, zu welchen Eintragungen in der Blockchain die einzelnen Transaktionen jeweils führen soll.

Die technische Anbindung kann über die Schnittstellen der für die Blockchain verwendeten Software erfolgen. So kann etwa ein ausführbarer BPMN-Prozess Aktivitäten enthalten, die mittels eines entsprechenden Adapters Transaktionen in die Blockchain schreiben. Beispielsweise könnte ein Task „Wareneingang erfassen" eine Bestätigung über die erhaltene Ware in der Blockchain speichern. Anstelle des Versands einer elektronischen Bestätigung – oder zusätzlich zu dieser – erfolgt nun eben ein Eintrag in die Blockchain.

Umgekehrt kann auf Einträge, die von anderen Partnern in die Blockchain geschrieben wurden, reagiert werden. Beispielsweise kann ein neuer Prozess gestartet werden. Oder es wird eine Prozessinstanz fortgesetzt, die auf das Eintreffen einer Bestätigung gewartet hat. Hierzu muss entweder die Blockchain-Software über eine Möglichkeit verfügen, aktiv über relevante neue Einträge zu informieren, oder das BPMS muss regelmäßig prüfen, ob entsprechende Einträge erfolgt sind.

Ein Beispiel für den Einsatz einer Blockchain in einer landwirtschaftlichen Lieferkette wird in [PuOh21] beschrieben. In der Ausgangssituation lieferten die landwirtschaftlichen Betriebe ihr Getreide an Zwischenhandelsunternehmen. Diese quittierten den Erhalt der Lieferungen und vermischten sie mit dem Getreide anderer Erzeugerbetriebe. Erst, wenn sie das Getreide weiterverkauft und hierfür die Zahlungen erhalten hatten, bezahlten sie die Erzeugerbetriebe. Diese Zahlungen erfolgten oft erst Monate nach der Anlieferung.

Die langen Dauern waren unter anderem darauf zurückzuführen, dass der Prozess stark papierbasiert abgewickelt wurde. Dies hatte zudem eine geringe Transparenz zur Folge. Die Landwirtschaftsbetriebe konnten daher auch keine Kredite zur Überbrückung aufnehmen. Sie waren zwar nach wie vor Eigentümer des beim Zwischenhandelsunternehmens gelagerten Getreides, doch konnten mögliche Geldgeber die genauen Bestände kaum überprüfen. Da die Landwirtschaftsbetriebe nach wie vor Eigentümer des Getreides waren, trugen sie zudem das Risiko.

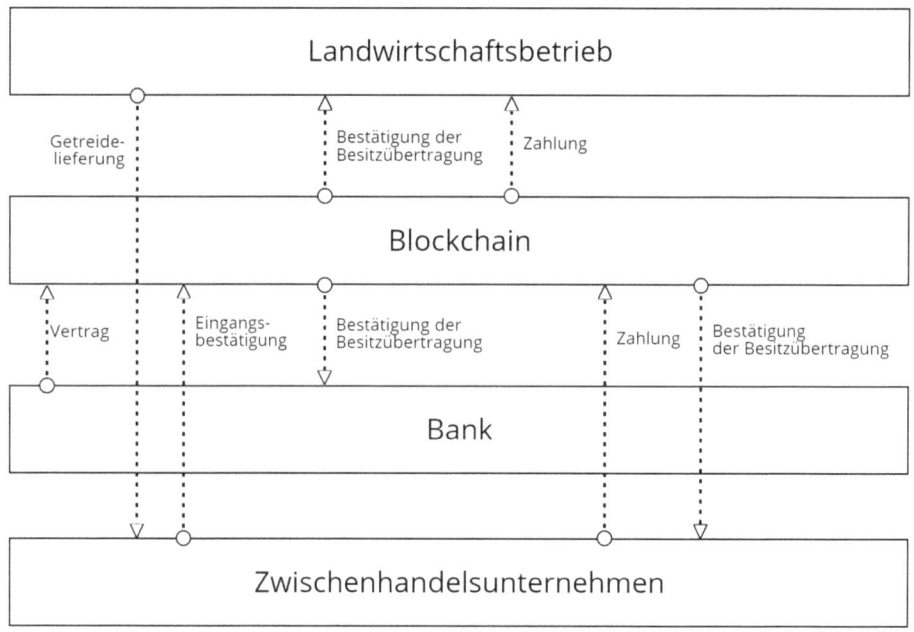

Abbildung 41: Nutzung einer Blockchain in einer landwirtschaftlichen Lieferkette (nach [PuOh21])

Abbildung 41 zeigt, wie dieses Szenario mit Hilfe einer Blockchain umgestaltet werden kann: Als Grundlage werden Smart Contracts in der Blockchain hinterlegt. Der Erzeugerbetrieb liefert sein Getreide an das Zwischenhandelsunternehmen. Dort wird das Getreide gewogen und geprüft, und die Eingangsbestätigung wird in die Blockchain eingetragen. Ein Smart Contract sorgt dafür, dass eine Besitzübertragung an die Bank stattfindet und in der Blockchain dokumentiert wird. Zugleich wird die Zahlung an den Erzeugerbetrieb ausgelöst. Auch der Weiterverkauf des Getreides mit der hierfür erforderlichen Zahlung und der Besitzübertragung an das Zwischenhandelsunternehmen wird über die Blockchain abgewickelt.

Aus dieser Beschreibung wird deutlich, dass hier nicht einfach der ursprüngliche Ablauf über die Blockchain abgewickelt wird. Vielmehr wurde das Szenario grundsätzlich geändert, indem die Bank das Getreide zunächst kauft und den Erzeugerbetrieb direkt bezahlt. Hierdurch wurden die oben beschriebenen Probleme der späten Zahlung und des zu tragenden Risikos gelöst.

Die Blockchain spielt hierbei insofern eine wichtige Rolle, als nun ohne Zeitverzug vertrauenswürdige Informationen bereitstehen. Mit Hilfe von Smart Contracts wird sichergestellt, dass die Besitzübertragungen und Zahlungen wie vereinbart ausgeführt werden. Mit der bisherigen papierbasierten Abwicklung waren die erforderliche Transparenz und das nötige Vertrauen zwischen den Partnern nicht zu erreichen.

Das beschriebene Szenario wurde zunächst in unterschiedlichen Ausbaustufen pilotiert. Es wurde eine Blockchain erstellt, die von einer Stiftung getragen wird. Zusätzlich wurde eine Anwendungssoftware für landwirtschaftliche Lieferketten entwickelt. Diese Anwendungssoftware spielt mit der Blockchain zusammen.

An dem beschriebenen Beispiel werden wesentliche Vorteile der Blockchain bei der Abwicklung unternehmensübergreifender Prozesse deutlich. Zugleich zeigten sich auch eine Reihe von Herausforderungen. So ist der Aufbau einer sinnvoll einsetzbaren Blockchain mit einem hohen Aufwand verbunden, da hierfür ein ganzes Ökosystem von Partnern, Austauschprotokollen und Software erforderlich ist.

Da die Blockchain normalerweise für alle Beteiligten einsehbar ist, sind für vertrauliche Abmachungen einzelner Partner zusätzliche Maßnahmen erforderlich, wie z. B. die Verschlüsselung mancher in der Blockchain gespeicherten Inhalte.

Nicht zuletzt gibt es in den meisten Fällen Aktivitäten, die nicht über die Blockchain abgewickelt werden können. Hierzu gehören unter anderem physische Warenlieferungen, aber auch z. B. Geldzahlungen, wenn diese nicht in digitalen Währungen erfolgen. Es muss daher geklärt werden, was in der Blockchain und was außerhalb passieren soll – und wie die außerhalb durchgeführten Aktivitäten ggf. in der Blockchain protokolliert werden. Zudem können Smart Contracts nicht sicherstellen, dass solche externen Aktivitäten tatsächlich wie vereinbart durchgeführt werden.

Auch wenn Blockchains eine Reihe von Eigenschaften aufweisen, die für unternehmensübergreifende Geschäftsprozesse sehr interessant sind, hat sich diese Technologie bislang – abgesehen von Kryptowährungen – weniger stark durchgesetzt als dies vielfach erwartet wurde.

Neben den genannten Herausforderungen dürfte dies mit daran liegen, dass sich viele Blockchain-basierte Szenarien auch mit herkömmlichen Verfahren umsetzen lassen, z. B. mit einer zentralen Abwicklung und Verwaltung von Transaktionen.

So könnte man für das beschriebene Beispiel der landwirtschaftlichen Lieferkette prüfen, ob sich das gleiche Ergebnis nicht auch erreichen ließe, wenn ein vertrauenswürdiger Markplatzbetreiber ein herkömmliches zentrales System betreiben würde, in das die Beteiligten ihre Transaktionen eintragen. Auch hierdurch könnten der bisher papierbasierte Ablauf beschleunigt, die erforderliche Transparenz hergestellt und damit das benötigte Vertrauen aufgebaut werden.

Die Tabellen 29 und 30 geben einen Überblick über die Einsatzmöglichkeiten von Blockchains für die Prozessautomatisierung. Ihr Beitrag beschränkt sich dabei im Wesentlichen auf zwei spezielle Aspekte: Zum einen auf die unveränderliche Festlegung von Prozesslogik bzw. von Vereinbarungen innerhalb unternehmensübergreifender Prozesse, zum anderen auf die unveränderliche Protokollierung durchgeführter Transaktionen.

Aufgabenbereich		Erläuterung
Prozess-dokumentation	-	
Prozessanalyse	-	
Prozessentwurf	-	
Prozess-implementierung	+	Die Ablauflogik eines Prozesses kann prinzipiell in einer Blockchain abgespeichert werden. Damit bildet sie einen unveränderbaren Teil der Implementierung. Für die komplette Implementierung werden allerdings noch weitere Komponenten benötigt, wie z. B. eine Process-Engine.
		Meist werden jedoch eher einzelne Vereinbarungen im Rahmen einer Choreographie als Smart Contracts gespeichert, um z. B. automatisch Zahlungen auszulösen.
		Die unveränderliche Protokollierung der durchgeführten Transaktionen kann ebenfalls auf Basis einer Blockchain implementiert werden.
Prozess-planung	-	
Prozess-steuerung	+	Mit Hilfe von Smart Contracts kann man sicherstellen, dass Aktionen automatisch entsprechend den definierten Prozessen und vereinbarten Choreographien ausgelöst werden.

Legende: ++ Zentrales Einsatzgebiet der Technologie
  + Leistet einen Beitrag zu dem Aufgabenbereich, es ist aber nicht der Schwerpunkt
  - Kein wesentlicher Beitrag zu diesem Aufgabenbereich

Tabelle 29: Typische Einsatzbereiche für Blockchains (Teil 1)

Aufgabenbereich		Erläuterung
Ausführung der Arbeitsschritte	-	
Prozess-controlling	-	
Process-Governance	+	Die unveränderbare Protokollierung von Transaktionen ermöglicht es, nachzuvollziehen, wie Prozesse abgelaufen sind – insbesondere auch unternehmens-übergreifende Prozesse.

Legende: ++ Zentrales Einsatzgebiet der Technologie
           + Leistet einen Beitrag zu dem Aufgabenbereich, es ist aber nicht der Schwerpunkt.
           - Kein wesentlicher Beitrag zu diesem Aufgabenbereich

Tabelle 30: Typische Einsatzbereiche für Blockchains (Teil 2)

4.6 Low-Code-Entwicklung

Viele Unternehmen setzen seit einiger Zeit verstärkt auf den Einsatz von Low-Code-Plattformen. Solche Systeme ermöglichen es, beim Entwickeln von Software-Anwendungen weitgehend auf Programmierung im herkömmlichen Sinne zu verzichten. Anstatt Programmcode in einer Programmiersprache wie Java oder C# zu schreiben, erstellt man unter anderem grafische Diagramme und gestaltet die Benutzungsoberflächen mit Hilfe interaktiver Tools. Damit die Diagramme tatsächlich ausführbar werden, sind noch eine Reihe von Detailinformationen zu hinterlegen. So muss etwa für die Inhalte eines Datenmodells angegeben werden, welche Datentypen verwendet werden sollen, welche Regeln für die Speicherung anzuwenden sind, und vieles mehr.

Zum Teil ist es möglich, einfache Anwendungen komplett ohne Programmcode zu erstellen. In diesem Fall spricht man von „No-Code". „Low-Code"-Plattformen ermöglichen es hingegen, grafische Modelle und ähnliches durch Programmcode zu ergänzen, wenn es z. B. darum geht, eine besonders komplexe Logik umzusetzen. Da es in der Praxis häufig entsprechende weitergehende Anforderungen gibt, setzen die meisten Unternehmen eher auf Low-Code als auf No-Code.

Ein Vorteil solcher Plattformen besteht darin, dass auch sogenannte „Citizen-Developer" damit arbeiten können. Darunter versteht man IT-affine Mitarbeiterinnen und Mitarbeiter der Fachabteilungen, die über keine Programmierkenntnisse verfügen. Sie können die benötigte Fachlogik in Form von Modellen spezifizieren und damit wesentliche Teile einer Anwendung selbst erstellen.

Damit werden auch weniger herkömmliche Programmiererinnen und Programmierer benötigt, die auf dem Arbeitsmarkt schwer zu finden sind.

Die angebotenen Low-Code-Plattformen haben ganz unterschiedliche Schwerpunkte. Mit manchen kann man schicke Webseiten zur Präsentation von Inhalten erzeugen, mit anderen Smartphone-Apps erstellen. Einige Plattformen fokussieren auf die Verwaltung oder die grafische Auswertung von Daten, während man mit wieder anderen komplette betriebswirtschaftliche Anwendungen aufbauen kann.

Auch wenn sich die Systeme im Einzelnen voneinander unterscheiden, so decken Plattformen zum Aufbau typischer Anwendungssysteme in der Regel zumindest die folgenden Aspekte ab:

1. **Datenstrukturen**
    Diese können mit Hilfe grafischer Datenmodelle oder in Form von Tabellen beschrieben werden.

2. **Benutzungsoberfläche**

Meist kann man die verschiedenen Ansichten oder Seiten der Benutzungsoberfläche gestalten, indem man die verschiedenen Oberflächenelemente wie Texte, Listen, Eingabefelder, Fotoanzeigen etc. mit der Maus an die gewünschten Positionen zieht. Für die Oberflächenelemente muss jeweils angegeben werden, welche Daten angezeigt und bearbeitet werden sollen. Hierdurch entsteht eine Verknüpfung mit der Datenstruktur.

Zum Teil stehen vordefinierte Widgets zur Verfügung, die mehrere verknüpfte Anzeige- und Interaktionselemente umfassen. Ein Beispiel für ein solches Widget wäre eine Tabellenanzeige mit einem integrierten Suchfeld, einer Filterfunktion und mit Buttons zum Anlegen und Bearbeiten der angezeigten Inhalte. Mit derartigen Widgets kann man die Erstellung komplexer Benutzungsoberflächen wesentlich beschleunigen.

3. **Logik**

Einfache logische Abhängigkeiten können in vielen Fällen direkt bei den Daten- oder Oberflächenelementen angegeben werden. Beispiele sind Regeln für erlaubte Eingaben in ein bestimmtes Feld, oder die Logik zur Berechnung einer Summe.

Komplexere Abläufe werden vielfach in Form von Ablaufdiagrammen modelliert. Damit ist es möglich, mehrere Schritte nacheinander auszuführen, verschiedene Bedingungen zu berücksichtigen, etc.

Hierbei handelt es sich um Detailabläufe, die beispielsweise ausgeführt werden, wenn eine Benutzerin oder ein Benutzer einen Button drückt. Sie sind daher von übergreifenden Abläufen zu unterscheiden, die mehrere Benutzungsinteraktionen umfassen (und wie sie mit Hilfe von RPA automatisiert werden, vgl. Abschnitt 3.6), oder gar von kompletten Geschäftsprozessen (wie sie von BPMS ausgeführt werden, vgl. Abschnitt 3.3).

Zunehmend werden Low-Code-Systeme um KI-Komponenten erweitert, die es ermöglichen, dass man – ähnlich wie bei ChatGPT oder Google Bard – in natürlicher Sprache beschreibt, was das System können soll. Die entsprechenden Modelle, Datenstrukturen, Benutzungsoberflächen und Abläufe werden dann von der KI generiert und können im Dialog mit dem System verfeinert und weiterentwickelt werden.

Für Standardfunktionalitäten, die in vielen Anwendungen benötigt werden, wie z. B. eine Benutzer- und Rechteverwaltung, stehen meist fertige Komponenten zur Verfügung.

Zudem ist es häufig möglich, für bestimmte Aufgabenstellungen auf eine Bibliothek von Vorlagen zurückzugreifen. Beispielsweise enthält eine Vorlage für eine komplette Produktverwaltung bereits alle erforderlichen Datenstrukturen, die gesamte Benutzungsoberfläche und die benötigte Logik. Im Gegensatz zu einer Produktverwaltung in einem Standardsoftwaresystem kann man die Vorlage beliebig verändern, erweitern und mit anderen selbst erstellten Funktionalitäten verknüpfen.

Bei vielen Low-Code-Systemen laufen die erstellen Anwendungen ausschließlich auf der Plattform des Herstellers, die oftmals auch nur als Cloud-Service angeboten wird. Dies bedeutet, dass man keinen Einfluss auf die Architektur und die meisten technischen Eigenschaften des Systems hat. Z. B. ist man darauf angewiesen, dass die Plattform ausreichende Sicherheitsmechanismen anbietet und dass es möglich ist, die Low-Code-Anwendungen so zu skalieren, dass auch eine sehr große Zahl von Aufrufen bewältigt wird.

Da sich die erstellten Anwendungen in der Regel nicht auf andere Plattformen portieren lassen, begibt man sich in eine starke Abhängigkeit vom Hersteller. So könnte eine Insolvenz des Herstellerunternehmens dazu führen, dass die Plattform nicht mehr weiter betrieben wird und die Anwendungen nicht mehr laufen.

Die in Abschnitt 3 beschriebenen Systeme zur Prozesssteuerung, zum Adaptive-Case-Management oder zum Decision-Management unterscheiden sich von den oben beschriebenen Low-Code-Plattformen vor allem dadurch, dass bei ihnen ganz bestimmte Aspekte im Fokus stehen, wie z. B. Ende-zu-Ende-Prozesse oder eine komplexe Entscheidungslogik.

Dennoch kann man auch diese Systeme als Low-Code-Systeme betrachten, da die Ablauflogik nicht programmiert, sondern mit Hilfe der Standardnotationen BPMN, CMMN oder DMN grafisch modelliert bzw. in Entscheidungstabellen beschrieben wird. Häufig werden diese Modelle von entsprechend geschulten Fachanwenderinnen und -anwendern erstellt, die somit als Citizen-Developers tätig werden.

Meist stehen auch Tools zur Verfügung, mit denen die grafischen Modelle um weitere wichtige Aspekte ergänzt werden können. So bieten die Modellierungsoberflächen von Business-Process-Management-Systemen (BPMS) in aller Regel auch die Möglichkeit, Datenstrukturen, Organisationsstrukturen, Geschäftsregeln oder Benutzungsdialoge zu modellieren (vgl. Abschnitt 3.3).

Die Bedienung der von einem BPMS ausgeführten Prozesse erfolgt häufig über ein Prozessportal. Den Prozessbeteiligten werden ihre Aufgaben in Task-Listen bereitgestellt. Eine solche Task-Liste ähnelt der Liste der eingegangen Nachrichten in einem Mailprogramm. Wählt man einen Task aus, so wird der zu diesem Task gehörende Dialog zur Bearbeitung geöffnet (vgl. Abbildung 18 in Abschnitt 3.3.1).

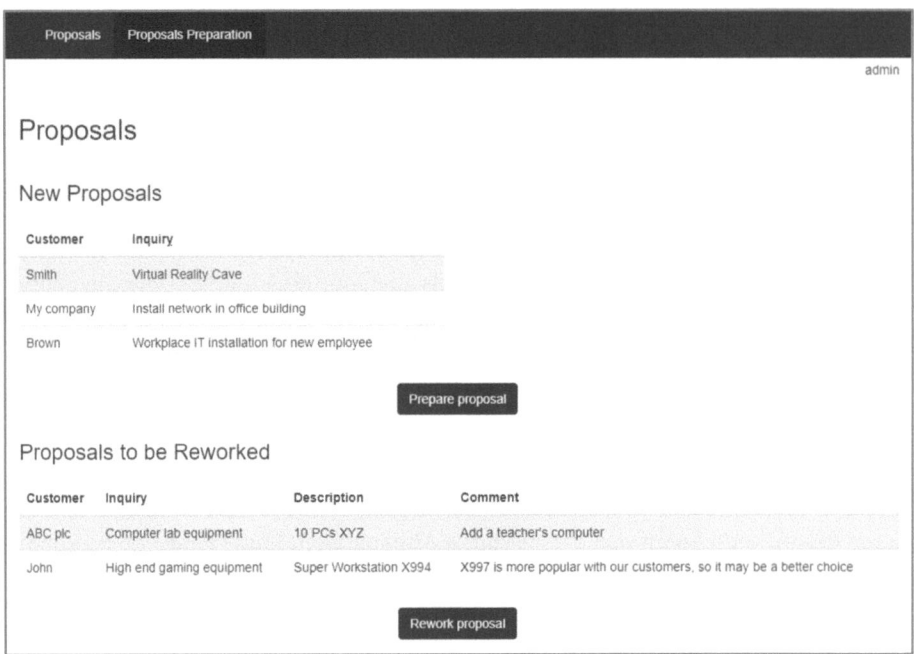

Abbildung 42: Oberfläche mit einer Auftragsübersicht als Beispiel einer Alternative zu Task-Listen

Derartige Task-Listen eignen sich gut für Mitarbeiterinnen und Mitarbeiter, die etwa eingehende Aufträge oder Kundenanfragen einzeln abarbeiten.

In anderen Fällen sind Task-Listen weniger geeignet. Beispielsweise kann stattdessen eine tabellarische Bearbeitung einer Liste von Aufträgen oder anderen Geschäftsobjekten gewünscht sein. Dies ist vorteilhaft, wenn man einen Überblick gewinnen oder bestimmte Einträge gleichzeitig für mehrere Aufträge ändern möchte.

Auch wird man etwa in einem Webshop den Endkundinnen und Endkunden keine Aufgabenlisten anzeigen. Sie erwarten eher eine Übersicht über ihre Bestellungen. Von dort aus haben sie die Möglichkeit, einzelne Bestellungen auszuwählen und sie zu ändern, zu stornieren u. ä.

Auch wenn die Prozesse von einer Process-Engine gesteuert werden, sollen die Endkundinnen und Endkunden gar nichts davon mitbekommen. Aus diesem Grunde bieten manche BPMS-Hersteller auch die Möglichkeit, ganz individuelle Benutzungsoberflächen zu erstellen, die im Hintergrund mit der Process-Engine interagieren. Mit der Aufnahme derartiger Features entwickeln die BPMS-Hersteller ihre Produkte zunehmend in Richtung „vollwertiger" Low-Code-Plattformen.

Die in Abbildung 42 dargestellte Oberfläche wurde mit dem Dialog-Editor des BPMS „Bonita" erstellt. Von der Prozesssteuerung bekommt man gar nichts mit, die Oberfläche entspricht der einer gewöhnlichen Web-Anwendung.

Umgekehrt wurden aber auch viele herkömmliche Low-Code-Plattformen, die ursprünglich vor allem auf die Verwaltung von Daten und die Verarbeitung einzelner Geschäftstransaktionen ausgerichtet waren, weiterentwickelt. Sie enthalten nun ebenfalls Funktionalitäten zur Modellierung und Ausführung von Geschäftsprozessen. Damit können sie viele Aufgaben übernehmen, für die bisher ein separates BPMS notwendig gewesen wäre.

Auch wenn BPMS und herkömmliche Low-Code-Systeme zunehmend zusammenwachsen, unterscheiden sich die verschiedenen Plattformen dennoch hinsichtlich ihres Schwerpunktes. So haben Low-Code-Plattformen, die ursprünglich aus BPMS hervorgegangen sind, ihre Stärken meist nach wie vor in der Prozessmodellierung und -ausführung. Andere Teilbereiche sind daher möglicherweise etwas schwächer ausgeprägt.

Umgekehrt sind bei Low-Code-Plattformen, die ihren Ursprung eher in anderen Bereichen haben, die Prozesssteuerungsfähigkeiten möglicherweise weniger ausgeprägt als bei reinen BPMS. So nutzen manche Plattformen für ihre Prozesssteuerungskomponenten nicht den BPMN-Standard, und sie decken auch nicht alle Aspekte ab, die man mit BPMN modellieren kann. Solche Komponenten sind vor allem dazu gedacht, Prozesse zu steuern, die vorwiegend innerhalb der Plattform ablaufen.

Möchte man hingegen ein komplexes Zusammenspiel mit vielen verschiedenen Menschen, Systemen und Geräten orchestrieren, so kann dies besser von einer Plattform mit umfassender BPMS-Funktionalität erledigt werden.

Da die meisten Systeme über offene Schnittstellen (z. B. REST-Schnittstellen) verfügen, lassen sich auch verschiedenartige Plattformen miteinander verbinden. Beispielsweise kann eine BPMS-Plattform die übergreifende Prozesssteuerung wahrnehmen und innerhalb der Prozesse Funktionen aufrufen, die von einer anderen Low-Code-Plattform bereitgestellt werden. Ein anderes Beispiel wäre der Aufruf einer DMN-basierten Decision-Engine aus einer Low-Code-Anwendung heraus.

Da der gleichzeitige Einsatz mehrerer Plattformen aufwändig ist, wird man meist eher versuchen, möglichst viel mit einer einzigen Plattform zu erledigen. Wie aus den vorangehenden Ausführungen hervorgeht, muss man hierfür genau prüfen, welche Fähigkeiten die verwendete Low-Code-Plattform im Bereich Prozesssteuerung hat – aber auch wie gut andere Bereiche abgedeckt sind, z. B. Benutzungsoberfläche, Datenhaltung oder Geschäftsregeln.

Im Zusammenhang mit der Low-Code-Entwicklung wird auch noch einmal der Nutzen von Standards deutlich. Für die Modellierung von Prozessen und Entscheidungslogik sind die Standards BPMN und DMN verbreitet. Entsprechend kann man derartige Modelle von einem Tool in das andere übertragen. Und jede Person, die die entsprechende Notationen beherrscht, kann sich leicht in ein anderes standardkonformes System einarbeiten und darin ausführbare Modelle erstellen.

Anders ist dies bei weiteren Aspekten der Low-Code-Entwicklung, wie z. B. Datenstrukturen oder Benutzungsoberflächen. Da sich hierfür noch keine Standards durchgesetzt haben, sind die betreffenden Modellierungen proprietär, d. h. jeder Hersteller verwendet seine eigenen Notationen. Diese müssen für jedes Tool individuell erlernt werden. Auch ist es nicht möglich, eine Anwendung auf die Low-Code-Plattform eines anderen Herstellers zu übertragen.

Da für jeden ausführbaren Prozess neben dem reinen Prozessablauf auch Daten, Benutzerrollen, Benutzungsdialoge und ähnliches benötigt werden, kommt man beim BPMS-Einsatz kaum um die Verwendung proprietärer Beschreibungsmittel herum – es sei denn, man verwendet nur die eigentliche Process-Engine und entwickelt alles andere selbst (vgl. die Abschnitte 4.1 und 4.4).

Die typischen Einsatzbereiche von Low-Code-Plattformen im Zusammenhang mit der Prozessautomatisierung sind in den Tabellen 31 und 32 zusammengefasst. Dabei liegt der Fokus auf solchen Low-Code-Plattformen, die über eine Prozesssteuerungskomponente verfügen.

Aufgabenbereich		Erläuterung
Prozess-dokumentation	+	Die grafischen Prozessmodelle stellen eine Dokumentation der Prozesse dar – soweit sie mit der Plattform abgewickelt werden. Zum Teil werden proprietäre Modellierungsnotationen verwendet (anstelle von Standards wie BPMN).
Prozessanalyse	-	
Prozessentwurf	+	Die Prozesslogik und weitere erforderliche Aspekte, wie z. B. verarbeitete Daten, Rollenzuordnungen, werden in der Low-Code-Entwicklungsumgebung definiert. Beim Testen können Defizite entdeckt und behoben werden.
Prozess-implemen-tierung	++	Die mit der Low-Code-Entwicklungsumgebung erstellten, um ausführungsbezogene Informationen angereicherten Modelle werden zur Ausführung gebracht. Ggf. wird in einen Zwischenschritt zunächst Programmcode generiert, der dann ausgeführt wird. In vielen Fällen liegt der Haupteinsatzbereich der Prozesssteuerungskomponente bei Prozessen, die weitgehend innerhalb der Low-Code-Plattform abgewickelt werden. Prinzipiell lassen sich über Standardschnittstellen aber meist auch externe Systeme anbinden.
Prozess-planung	-	Low-Code-Plattformen können über Planungskomponenten verfügen, die aber in aller Regel nicht speziell auf die Planung von Prozessinstanzen frei definierbarer Prozesse ausgelegt sind.
Prozess-steuerung	++	Die Prozessinstanzen werden von der Plattform auf Grundlage des Prozessmodells gesteuert.

Legende: ++ Zentrales Einsatzgebiet der Technologie
  + Leistet einen Beitrag zu dem Aufgabenbereich, es ist aber nicht der Schwerpunkt
  - Kein wesentlicher Beitrag zu diesem Aufgabenbereich

Tabelle 31: Typische Einsatzbereiche für Low-Code-Plattformen (Teil 1)

Aufgabenbereich		Erläuterung
Ausführung der Arbeitsschritte	++	Low-Code-Plattformen bieten die Möglichkeit, Benutzungsdialoge zu erstellen sowie Ablauflogik für einzelne Aktionen zu spezifizieren, die bei der Durchführung der Prozesse ausgeführt wird. Hierbei wird meist auch auf ein gemeinsames Datenmodell zurückgegriffen.
Prozesscontrolling	-	Werden die bei der Prozessdurchführung anfallenden Daten gespeichert, so können sie für das Prozesscontrolling genutzt werden.
Process-Governance	+	Die Einhaltung der vorgegebenen Prozesse wird sichergestellt. Werden die Daten der durchgeführten Prozessinstanzen unveränderbar gespeichert, so lässt sich anhand dieses „Audit-Trails" genau nachweisen, dass ein bestimmter Vorgang regelungskonform durchgeführt wurde.

Legende: ++ Zentrales Einsatzgebiet der Technologie
+ Leistet einen Beitrag zu dem Aufgabenbereich, es ist aber nicht der Schwerpunkt.
- Kein wesentlicher Beitrag zu diesem Aufgabenbereich

Tabelle 32: Typische Einsatzbereiche für Low-Code-Plattformen (Teil 2)

4.7 Künstliche Intelligenz

Das Thema Künstliche Intelligenz (KI) wurde bereits mehrfach erwähnt. Eine Reihe von Herstellern vermarktet ihre Tools als „intelligente" BPM-Systeme. Da es ganz unterschiedliche Anwendungsmöglichkeiten für KI-Verfahren gibt, lohnt sich eine genauere Betrachtung, worin die Intelligenz des jeweiligen Systems konkret besteht. Im Folgenden wird ein Überblick darüber gegeben, wie Künstliche Intelligenz im Zusammenhang mit dem Prozessmanagement eingesetzt werden kann.

Zu den Fähigkeiten von KI-Systemen gehört es, Muster zu erkennen, Prognosen aufzustellen, natürliche Sprache zu verarbeiten, Bilder zu analysieren, Programmcode zu generieren, Bilder und Texte zu erstellen sowie ausgefeilte Konversationen mit Menschen zu führen.

Häufig basieren diese Fähigkeiten auf maschinellen Lernverfahren. Beispielsweise lernen KI-Systeme mit Hilfe einer großen Menge an Trainingsdaten, charakteristische Muster zu identifizieren. So kann eine KI etwa lernen, bestimmte Personen auf Fotos zu erkennen. Andere Systeme lernen während ihrer Nutzung durch Versuch und Irrtum. Hierdurch kann beispielsweise die Qualität von Prognosen immer weiter verbessert werden.

Im Zusammenhang mit Geschäftsprozessen können KI-Verfahren zum einen innerhalb der ausgeführten Prozesse eingesetzt werden, zum anderen für die Analyse und Optimierung von Prozessen.

4.7.1 Einsatz von KI-Verfahren bei der Prozessausführung

Viele Prozesse enthalten Aktivitäten, die von KI-Systemen ausgeführt oder zumindest unterstützt werden können. Schon erwähnt wurde die automatische Analyse der Fotos beschädigter Fahrzeuge in der Schadensbearbeitung einer Versicherung. Ein anderes Beispiel ist die Unterstützung von Ärztinnen und Ärzten durch eine KI, die aufgrund von Untersuchungsdaten mögliche Diagnosen vorschlägt.

Bei Kreditkartengesellschaften werden Transaktionsdaten auf Muster betrügerischen Verhaltens analysiert. Werden verdächtige Muster gefunden, so kann ein Prozess zur genaueren Untersuchung des Falls gestartet werden.

Derartige Nutzungsmöglichkeiten Künstlicher Intelligenz hängen vom konkreten Prozess und dem Anwendungsbereich ab. Die zwei folgenden Arten des KI-Einsatzes eignen sich hingegen für viele unterschiedliche Prozesse:

- **Analyse und Verarbeitung von Dokumenten.** In vielen Prozessen müssen eingehende Dokumente unterschiedlicher Form und Struktur verarbeitet werden. Die automatische Verarbeitung solcher Dokumente bietet ein großes Einsparpotenzial. Beispielsweise werden Rechnungen analysiert um Daten wie Empfängerin bzw. Empfänger, Kontonummer oder Betrag zu extrahieren.

- **Intelligente Chatbots.** Anstatt Daten auf einer Webseite einzugeben oder direkt mit Mitarbeiterinnen bzw. Mitarbeitern zu kommunizieren, können sich Kundinnen und Kunden in natürlicher Sprache mit einem KI-gestützten Chatbot austauschen. Auf diese Weise kann bei unvollständigen Angaben nachgefragt werden, und es können auf Wunsch kontextbezogen zusätzliche Informationen gegeben werden.

Die von KI-gestützten Systemen erzielten Ergebnisse können als Grundlage für Entscheidungen verwendet werden. In manchen Fällen ist für die endgültige Entscheidung nach wie vor ein Mensch zuständig. In anderen Fällen wird die Entscheidung automatisch getroffen und z. B. eine bestimmte Verzweigung in einem Prozess gewählt.

Auch Kombinationen sind möglich. So könnte im Beispiel der Schadensabwicklung zunächst eine KI die Schadensfotos analysieren. Kommt Sie zu dem Schluss, dass die Schadensforderung mit sehr hoher Wahrscheinlichkeit berechtigt ist, so wird die Regulierung des Schadens automatisch ausgelöst. Gelangt die KI hingegen zu dem Ergebnis, dass es unklar ist, ob die Versicherung bezahlen muss, so kann der Fall an einen Menschen weitergeleitet werden.

Beim Thema „Decision-Management" wurde bereits erläutert, wie automatisierte Entscheidungen innerhalb IT-gestützter Prozesse genutzt werden. So kann das Ergebnis einer Entscheidung dazu führen, dass an einer Verzweigung ein bestimmter Ausgang gewählt wird, oder dass ein neuer Prozess gestartet wird (Abschnitt 3.4).

Die Einbindung KI-gestützter Entscheidungsverfahren in Geschäftsprozesse erfolgt ganz ähnlich wie die Einbindung einer regelbasierten Decision-Engine. Der Unterschied liegt in der Funktionsweise. Während eine Decision-Engine wie in Abschnitt 3.4 beschrieben mit Hilfe eines eindeutigen Regelwerks in Form von DMN-Diagrammen, Entscheidungstabellen und logischen Ausdrücken zu ihren Ergebnissen gelangt, werten KI-Systeme beispielsweise große Datenmengen auf Basis trainierter künstlicher neuronaler Netze aus. Dabei besteht immer eine gewisse Unschärfe. So kann es sein, dass eine KI, die Menschen auf Bildern erkennen kann, bei manchen Bildern daneben liegt und ein falsches Ergebnis liefert. Dies hängt einerseits von dem jeweiligen Bild ab, andererseits von den Bildern der zu erkennenden Person, mit denen das System trainiert wurde.

Lassen sich Entscheidungen mit Hilfe eindeutiger, klar festzulegender Regeln beschreiben und muss sichergestellt werden, dass diese Regeln exakt eingehalten werden, dann sollte eine regelbasierte Decision-Engine eingesetzt werden. Müssen hingegen große Mengen zum Teil unstrukturierter Daten einbezogen werden und lassen sich keine eindeutigen Regeln formulieren, sind eher KI-Verfahren geeignet. Meist handelt es sich dabei um Entscheidungen, die sich in der Vergangenheit nicht automatisieren ließen und daher von Menschen getroffen wurden.

In vielen Fällen wird man die eigentliche Entscheidung auch beim Menschen belassen, ihn aber durch KI unterstützen. So kann eine KI bei einer medizinischen Untersuchung auf Basis der erhobenen Daten mögliche Diagnosen vorschlagen – darunter auch solche, die eher selten sind, und daher ansonsten nicht in Betracht gezogen würden. Die Verantwortung und die Entscheidung über das weitere Vorgehen verbleiben aber bei der Ärztin oder dem Arzt.

Bei der Frage, ob und welche Entscheidungen mit Hilfe Künstlicher Intelligenz unterstützt oder komplett automatisiert werden sollen, muss der meist beträchtliche Aufwand für die Konfiguration und das Training des KI-Systems berücksichtigt werden.

Der Einsatz von KI-Verfahren in Prozessen erfolgt oftmals im Zusammenhang mit „Robotic-Process-Automation" (RPA, vgl. Abschnitt 3.6). Häufig sollen RPA-Bots Dokumente oder sonstige schwach strukturierte Inhalte analysieren und die relevanten Daten extrahieren. Für solche und weitere Aufgaben haben manche RPA-Hersteller KI-Funktionalitäten in ihre Produkte integriert und vermarkten dies als „Intelligent RPA" oder „Cognitive RPA".

Ein häufiger Anwendungsfall ist der Zugriff von RPA-Bots auf Softwareanwendungen über deren grafische Benutzungsoberflächen. Dabei werden zum Teil KI-Verfahren eingesetzt um die verschiedenen Texte, Eingabefelder und sonstige Oberflächenelemente anhand ihrer visuellen Eigenschaften zu identifizieren – unabhängig davon, dass sich möglicherweise ihre Position geändert hat (vgl. Abschnitt 3.6.4).

Auch beim Zusammenspiel von Mensch und Bot spielt Künstliche Intelligenz eine zunehmende Rolle. Während „Attended RPA" bislang meist bedeutet, dass die Mitarbeiterin oder der Mitarbeiter einem Bot stupide Routineaufgaben überträgt (vgl. Abschnitt 3.6.3), können intelligentere Systeme eine beratende Rolle einnehmen, die Konsequenzen unterschiedlicher Entscheidungsalternativen aufzeigen oder kontextbezogen relevante Informationen bereitstellen. Anstatt selbst Informationen aus Systemen herauszusuchen, zu analysieren und zu bearbeiten, wird man das in absehbarer Zukunft häufig in Form eines Dialogs mit einer Künstlichen Intelligenz erledigen. Dadurch geht es nicht nur schneller, sondern es wird auch die Qualität der erzielten Ergebnisse erhöht, da ja nun auch das gesamte Wissen einer leistungsfähigen KI mit einbezogen wird.

4.7.2 Einsatz von KI-Verfahren für die Analyse, Implementierung und Optimierung von Prozessen

Für die Erhebung, die Analyse und den Entwurf von Prozessen werden Prozessmodellierungs- und -analysewerkzeuge, sowie kollaborative Prozessmanagementplattformen genutzt.

Bislang wurden dabei kaum KI-Verfahren eingesetzt, obwohl es durchaus interessante Einsatzpotenziale gibt. Bekannte KI-Plattformen wie Midjourney oder ChatGPT können anhand von Eingaben, die in natürlicher Sprache erfolgen, umfangreiche Bilder oder Texte generieren – und auch Programmcode. Die automatische Erzeugung von Programmcode ist für die Prozessautomatisierung überall dort nützlich, wo einzelne Komponenten oder ganze Systeme herkömmlich programmiert werden. Dies ist beispielsweise bei der Entwicklung von Individualsoftware der Fall, oder bei der Erstellung von Software-Services, die bei der Prozessausführung aufgerufen werden.

Prinzipiell kann man sich vorstellen, mit vergleichbaren KI-Systemen auch Prozessmodelle aus Textbeschreibungen zu erzeugen, z. B. aus Interviews mit verschiedenen Prozessbeteiligten. Wie in Abschnitt 4.6 erwähnt, bieten manche Low-Code-Systeme die Möglichkeit, die gewünschte Funktionalität der zu erstellenden Software in natürlicher Sprache zu beschreiben.

Weiterhin könnte eine KI in Prozessmodellen typische Probleme finden, Sollprozesse bewerten und selbst Verbesserungsvorschläge generieren.

Eine wesentliche Herausforderung hierbei ist die Verfügbarkeit von Trainingsdaten. Um ein künstliches neuronales Netz für solche Aufgaben zu trainieren, benötigt man eine große Menge von Prozessmodellen sowie von prozessbezogenen Dokumenten und Beschreibungen. Die meisten derartigen Daten sind nicht öffentlich. Gegebenenfalls könnten Hersteller von Prozessmodellierungs- und -analysewerkzeugen KI-Systeme mit den Prozessmodellen und Analysen ihrer Kunden trainieren. Dabei müssen die Daten geeignet anonymisiert werden, damit keine Firmeninterna nach außen dringen.

Auch die Prozessplanung stellt ein mögliches Einsatzgebiet für KI-Verfahren da. Dabei wird bestimmt, in welcher Reihenfolge wer zu welchen Zeiten welche Prozessschritte durchführen soll. Die Planung soll gewährleisten, dass die Durchlaufzeiten und die anfallenden Gesamtkosten möglichst gering sind, die Ressourcen möglichst gut ausgelastet sind, usw. Dies sind typische Optimierungsprobleme – ein häufiges Einsatzgebiert für KI-Verfahren.

Ein großes Potenzial für den KI-Einsatz bieten vor allem die automatisierte Prozesserhebung und Auswertung mittels Process-Mining und Process-Analytics.

Wie in Abschnitt 3.7.3 erläutert wurde, besteht eine Herausforderung beim Process-Mining darin, zu erkennen, welche der in den verschiedenen Softwareanwendungen erzeugten Belege (wie z. B. Anfragen, Aufträge oder Rechnungen) sich aufeinander beziehen, damit hieraus Prozessabläufe rekonstruiert werden können. Kennt man diese Zusammenhänge, dann kann man dann eine Routine programmieren, die die entsprechenden Daten regelmäßig extrahiert und zusammenführt.

Auch diese Aufgabe lässt sich durch maschinelle Lernverfahren unterstützen, wobei charakteristische Muster der zu einem Prozess gehörenden Belege und Daten erlernt werden. Als Trainingsdaten können die Process-Mining-Herstellern bisher erstellte Zuordnungen von Belegen zu Prozessen nutzen.

Während sich beim Process-Mining meist noch relativ klare Regeln bestimmen lassen, nach denen Belege zu Prozessinstanzen zugeordnet werden, ist dies beim Task-Mining, also der detaillierten Auswertung der von Menschen durchgeführten Arbeitsschritte (vgl. Abschnitt 3.7.7), oft nicht möglich. Benutzerinnen und Benutzer haben neben Unternehmensanwendungen meist verschiedene Büroanwendungen, Web-Portale und ähnliches geöffnet. Sie wechseln zwischen diesen Anwendungen hin und her, unterbrechen gerade durchgeführte Aufgaben und führen zwischendurch andere Aktivitäten aus.

Deswegen ist es sehr schwierig, aus den aufgezeichneten Interaktionen der Benutzerinnen und Benutzer zu ermitteln, an welchen Aufgaben sie inhaltlich arbeiten und welche Arbeitsschritte dabei nach welchen Regeln aufeinander folgen. Daher haben auch hier maschinelle Lernverfahren Vorteile gegenüber herkömmlichen Verfahren.

Bei der laufenden Analyse des Prozessgeschehens werden große Datenmengen verarbeitet, die bei der Durchführung sehr vieler Prozessinstanzen entstehen. Sie lassen sich mit KI-Systemen zur Mustererkennung analysieren. Beispielsweise kann eine KI herausfinden, welche Gemeinsamkeiten diejenigen Prozessinstanzen aufweisen, bei denen bestimmte Probleme auftreten, wie z. B. zu hohe Durchlaufzeiten. Dann kann man prüfen, wie es zu diesen problematischen Eigenschaften kommt und welche Änderungen durchgeführt werden können, damit künftig weniger dieser Fälle auftreten.

Anders als bei reinen Prozessmodellierungstools verfügen manche Process-Mining-Tools bereits über KI-Komponenten, die mit Kundendaten trainiert wurden und daher weitergehende Analysen und Optimierungsvorschläge erstellen können.

Weitere Möglichkeiten ergeben sich, wenn KI-gestützte Analysen in Echtzeit durchgeführt werden. So kann in manchen Fällen frühzeitig erkannt werden, wenn eine Prozessinstanz Merkmale aufweist, bei denen im weiteren Ablauf häufig Probleme auftreten. Im Idealfall kann dann durch geeignete – automatische oder manuelle – Eingriffe verhindert werden, dass es tatsächlich zu dem betreffenden Problem kommt.

Durch Analyse des bisherigen Verlaufs und der aktuellen Situation – die auch die zur Prozessinstanz gehörenden Daten beinhaltet – kann eine KI bestimmen, welche Aktion am besten als nächste durchgeführt werden sollte. Dies ist insbesondere auch für das in vgl. Abschnitt 3.5 beschriebene Adaptive-Case-Management nützlich, wo der Ablauf nicht von Vornherein genau festliegt, sondern die Bearbeiterin oder der Bearbeiter situationsabhängig darüber entscheidet, was getan wird. Ihr bzw. ihm kann die KI nun eine Empfehlung geben, welche Aktionen sinnvollerweise als nächste durchgeführt werden sollten.

Bei den in den Tabellen 33 und 34 beschriebenen Einsatzmöglichkeiten ist zu beachten, dass sich der Bereich der Künstlichen Intelligenz sehr schnell verändert. Die beschriebenen Möglichkeiten sind heute unterschiedlich weit entwickelt und verbreitet. Während z. B. die automatische Analyse von Eingangsrechnungen und anderen Geschäftsdokumenten in vielen Unternehmen erfolgreich eingesetzt wird, spielt beispielsweise die Generierung von Prozessmodellen aus Textbeschreibungen bislang in der Praxis noch keine so große Rolle. Vom Prinzip her ist dies aber mit heutigen KI-Systemen möglich – ähnlich wie beispielsweise ausgefeilte Texte oder Programmcode durch KI erstellt werden.

Aufgabenbereich		Erläuterung
Prozess-dokumentation	+	KI-Systeme können prinzipiell Prozessmodelle auf Basis von textuellen Beschreibungen erstellen.
		Beim Process-Mining können KI-Verfahren eingesetzt werden um die prozessbezogenen Belege, Protokolldaten u. ä. aus verschiedenen Systemen einander zuzuordnen und hieraus die tatsächlich durchgeführten Prozesse zu rekonstruieren.
		KI-Verfahren kommen weiterhin beim Task-Mining zum Einsatz, bei dem die einzelnen Aktionen von Prozessbeteiligten ausgewertet werden um zu erkennen, welche Aufgaben sie durchführen.
Prozessanalyse	++	KI-Systeme können prinzipiell Prozessmodelle auf Schwachstellen analysieren.
		KI-Systeme können Daten über ausgeführte Prozessinstanzen analysieren und hierbei Schwachstellen und Probleme identifizieren.
Prozessentwurf	+	KI-Systeme, die mit vielen Prozessmodellen trainiert wurden, können Verbesserungsvorschläge und ganz neue Prozesse generieren.
Prozess-implemen-tierung	+	Die Implementierung von KI-Verfahren, die bei der Prozessausführung eingesetzt werden, stellt einen Teil der Implementierung der betreffenden Prozesse dar.
Prozess-planung	+	KI-basierte Optimierungsverfahren können eingesetzt werden, um die Durchführung der Prozesse möglichst optimal zeitlich und organisatorisch zu planen, z. B. hinsichtlich einer guten Mitarbeiterauslastung oder möglichst kurzer Wartezeiten.

Legende: ++ Zentrales Einsatzgebiet der Technologie
　　　　　　+ Leistet einen Beitrag zu dem Aufgabenbereich, es ist aber nicht der Schwerpunkt.
　　　　　　- Kein wesentlicher Beitrag zu diesem Aufgabenbereich

Tabelle 33: Typische Einsatzbereiche für Künstliche Intelligenz (Teil 1)

Aufgabenbereich		Erläuterung
Prozess-steuerung	++	Durch KI-Verfahren getroffene Entscheidungen können zur Prozesssteuerung verwendet werden, z. B. indem sie die Auswahl bestimmter Pfade im Prozessmodell bestimmen. Durch Analyse der Ausführungsdaten laufender Prozessinstanzen in Echtzeit kann ein KI-System Prognosen über den voraussichtlichen weiteren Ablauf treffen und steuernde Eingriffe vornehmen.
Ausführung der Arbeitsschritte	++	Bei der Ausführung von Arbeitsschritten können KI-Verfahren aufgabenspezifisch eingesetzt werden, z. B. zur Analyse von Dokumenten, zur Interaktion mit Benutzerinnen und Benutzern in Form von Chatbots, zur Erkennung von Störungen, usw. KI-Verfahren werden insbesondere auch im Zusammenhang mit RPA eingesetzt, u. a. um Bedienelemente in grafischen Benutzungsoberflächen zu identifizieren.
Prozess-controlling	+	KI-Verfahren können beispielsweise auffällige Trends identifizieren und analysieren.
Process-Governance	+	KI-Verfahren können etwa die Ausführungsdaten von Prozessinstanzen auf ungewöhnliche und verdächtige Muster analysieren.

Legende: ++ Zentrales Einsatzgebiet der Technologie
　　　　　　 +   Leistet einen Beitrag zu dem Aufgabenbereich, es ist aber nicht der Schwerpunkt.
　　　　　　 -   Kein wesentlicher Beitrag zu diesem Aufgabenbereich

Tabelle 34: Typische Einsatzbereiche für Künstliche Intelligenz (Teil 2)

132

5 Auswahl und Kombination von Technologien

Wie die vorangehenden Ausführungen gezeigt haben, gibt es eine Vielzahl von Technologien, die im Zusammenhang mit der Automatisierung von Geschäftsprozessen eingesetzt werden können. Welche dieser Technologien und Ansätze genutzt werden sollten, hängt von den jeweiligen Voraussetzungen und Anforderungen ab.

Geht es beispielsweise um Standardprozesse, die sich kaum von denen anderer Unternehmen unterscheiden, empfiehlt sich häufig der Einsatz einer Standardsoftware.

Wird eine schnelle Lösung zur Überbrückung von Systembrüchen benötigt, kann es sinnvoll sein, zunächst Robotic-Process-Automation (RPA) einzusetzen, diese dann aber mittelfristig durch eine schnittstellenbasierte Integration zu ersetzen, gegebenenfalls mit einer übergreifenden Steuerung durch eine Process-Engine.

Um schnelle Lösungen und Pilotierungen zu realisieren, bietet sich der Einsatz einer Low-Code-Plattform an.

Existieren umfangreiche Prozesse, die über viele IT-Systeme verstreut sind, kann der Einsatz von Process-Mining sinnvoll sein.

Wird ein umfangreiches System gemäß der Microservices-Architektur entwickelt, empfiehlt es sich in vielen Fällen, für die Orchestrierung eine Process-Engine einzusetzen, die auch Teil des Microservice-internen Technologiestacks sein kann.

In vielen Fällen wird man mehrere der genannten Technologien miteinander kombinieren. Geht es beispielsweise darum, einen kompletten Ende-zu-Ende-Prozess zu automatisieren, so wird man für die übergreifende Steuerung zumeist ein BPMS einsetzen, die Benutzungsoberfläche vielleicht individuell programmieren und für komplexe Entscheidungen eine Decision-Engine einbinden. Vorhandene Altsysteme werden dabei aus dem Prozess heraus aufgerufen, gegebenenfalls unter Einsatz einer Integrationsplattform.

Dies sind nur einige Beispiele. Welche Kombination der beschriebenen Technologien am besten geeignet ist, hängt immer vom konkreten Fall ab.

Im Folgenden werden zwei Vorschläge für den kombinierten Einsatz von Prozesstechnologien vorgestellt. Bei dem ersten geht es um die Entwicklung und die Architektur prozessgesteuerter Anwendungen für Ende-zu-Ende-Prozesse, beim zweiten um die Realisierung unternehmensübergreifender Prozesse.

5.1 Entwicklung und Architektur prozessgesteuerter Anwendungen

Die von Volker Stiehl entwickelte Methodik und Architektur prozessgesteuerter Anwendungen stellt die Geschäftsprozesse konsequent in den Vordergrund. Zentral ist dabei eine sehr enge Zusammenarbeit zwischen Fachabteilungen und IT. Der Ansatz ist ausführlich in [St13] und [StDa19] beschrieben.

Eine prozessgesteuerte Anwendung unterstützt einen kompletten Ende-zu-Ende-Prozess, der für das Unternehmen eine hohe Bedeutung im Wettbewerb mit anderen Unternehmen hat. Dabei werden verschiedene vorhandene Systeme und Plattformen eingebunden.

Der Ansatz hat folgende Bestandteile (vgl. [StDa19]):

- Ein Kooperationsmodell zur engen Zusammenarbeit zwischen Fachabteilungen und IT
- Eine neue Denkweise zu BPMN-basierten Prozessimplementierungen
- Eine Methodik für Prozessimplementierungsprojekte
- Einen Architekturvorschlag und einen dazu passenden Entwicklungsansatz
- Einen Vorschlag für einen Technologie-Stack

Das Kooperationsmodell sieht vor, dass Fachabteilung und IT ein gemeinsames BPMN-Modell erstellen, für das beide gemeinsam die Verantwortung tragen. Dieses Modell kommt in einer Process-Engine auch so zu Ausführung. Das bedeutet, dass es keine Übersetzung zwischen einem fachlichen und einem technischen Modell gibt – und damit auch keine Missverständnisse bei der Übertragung.

Charakteristikum der prozessgesteuerten Denkweise ist es, dass Prozessmodelle immer als ausführbare Prozesse verstanden werden. Daher müssen alle notwendigen Details präzise modelliert werden. Wie in Abschnitt 2.1 erläutert, enthält der BPMN-Standard eine definierte Ausführungssemantik, die genau festlegt, wie die verschiedenen BPMN-Konstrukte von einer Process-Engine ausgeführt werden müssen. Um dies voll ausnutzen zu können, müssen die Beteiligten den vollen Sprachumfang der BPMN beherrschen.

Die Methodik für Prozessimplementierungsprojekte folgt einer konsequenten Top-Down-Vorgehensweise. Dabei wird die vorhandene Systemlandschaft zunächst nicht betrachtet. Im Fokus steht das Prozessmodell, das die fachlichen Anforderungen enthält. Von diesem Prozessmodell werden alle anderen Inhalte, wie Benutzungsoberflächen, Daten, Entscheidungslogik, aufzurufende Services etc. abgeleitet.

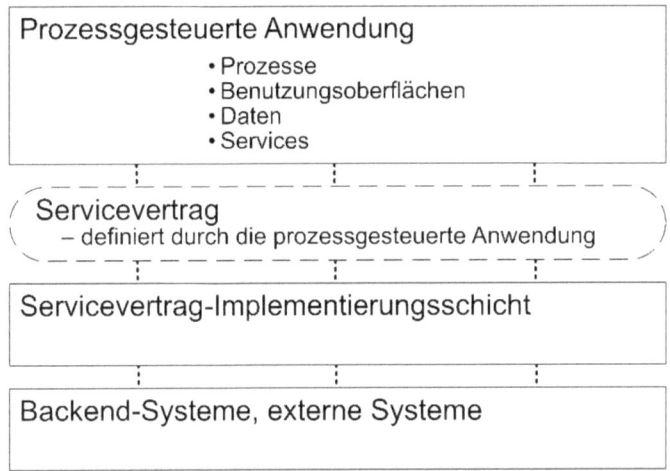

Abbildung 43: Kommunikation über die Servicevertrag-Implementierungsschicht

Dieses Prozessmodell, das wie beschrieben von Fachabteilung und IT gemeinsam entwickelt wird, wird von einer Process-Engine ausgeführt. Es enthält aber keine technischen Details über die aufzurufenden externen Services und Backend-Systeme.

Für diese technischen Details ist eine separate Schicht zuständig: die Servicevertrag-Implementierungsschicht. Dadurch bleibt das eigentliche Geschäftsprozessmodell unabhängig von den technischen Integrationsaspekten, und die Inhalte der beiden Schichten können unabhängig voneinander weiterentwickelt werden (vgl. Abbildung 43).

Der Servicevertrag, d. h. die Festlegung des Zusammenspiels zwischen den beiden Schichten, ergibt sich aus dem Prozessmodell.

Die Kommunikation mit externen Systemen erfolgt ausschließlich über die Servicevertrag-Implementierungsschicht. Darin finden sich einerseits die Systemaufrufe mit ihren technischen Parametern, andererseits aber auch die Koordination des Zusammenspiels. Beispielsweise könnte hier festgelegt werden, dass der Aufruf eines externen Systems wiederholt wird, wenn innerhalb einer bestimmten Zeit keine Antwort erfolgt ist. Auch Datenkonvertierungen in andere Formate oder eine dynamische Ermittlung von Empfängersystemen würde man in dieser Schicht realisieren.

Für diese Integrationsschicht kann ebenfalls eine BPMN-basierte Process-Engine zum Einsatz kommen. Dies hat den Vorteil, dass man dieselbe Engine wie für die Ausführung des eigentlichen Geschäftsprozesses verwenden kann. Zudem kann man den technischen Ablauf ebenfalls mit BPMN modellieren.

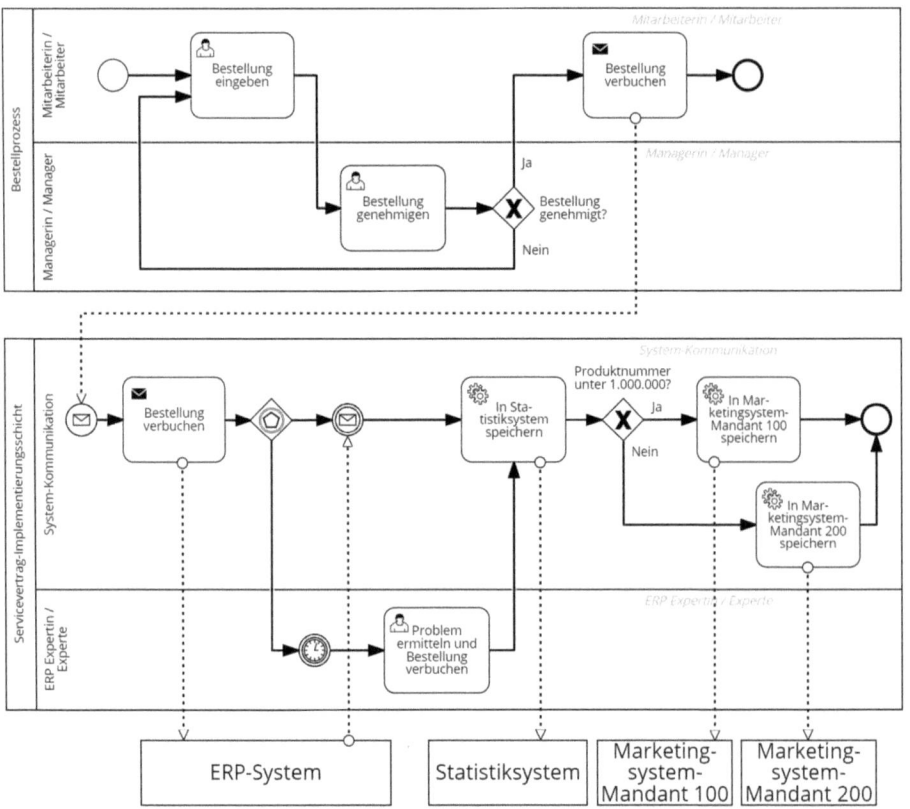

Abbildung 44: Fachlicher Prozess und Integrationsprozess (nach [St13])

Eine andere Möglichkeit ist es, einen Enterprise-Service-Bus (ESB) oder eine andere Integrationsplattform einzusetzen (vgl. Abschnitt 4.3). Es können verschiedene Verfahren der Kommunikation zum Einsatz kommen, z. B. synchrone Aufrufe oder ein asynchroner Nachrichtenaustausch über Message-Queues.

In dem Beispiel in Abbildung 44 ist neben dem ausführbaren fachlichen Geschäftsprozess der Prozess-Schicht auch der technische Integrationsprozess mit BPMN modelliert.

Der fachliche Prozess sieht als letzten Schritt vor, dass die erfasste und genehmigte Bestellung verbucht wird. Wie diese Buchung im Detail erfolgt, interessiert die Fachabteilung nicht. Hierfür ist der technische Integrationsprozess in der Servicevertrag-Implementierungsschicht zuständig.

Der fachliche Prozess sendet eine Nachricht, die den Integrationsprozess startet. Darin wird zunächst versucht, die Bestellung im ERP-System zu verbuchen. Wird vom ERP-System innerhalb einer gewissen Zeit keine Bestätigung empfangen, so wird der Vorgang an eine Person mit ERP-Expertise weitergeleitet. Sie kümmert sich um das Kommunikationsproblem und verbucht die Bestellung manuell. In den weiteren Schritten wird die Buchung zusätzlich in einem Statistiksystem und in einem Marketingsystem gespeichert, wobei je nach Produktnummer unterschiedliche Mandanten des Marketingsystems zuständig sind.

Ändert sich nun etwas im Integrationsprozess, so ist der fachliche Prozess in aller Regel nicht davon betroffen. Beispielsweise könnte eines der angeschlossenen Systeme ausgetauscht werden, oder die Behandlung von Kommunikationsproblemen könnte geändert werden. Beide Änderungen können komplett in der Servicevertrag-Implementierungsschicht durchgeführt werden.

An dem Beispiel wird auch deutlich, dass man komplexe Interaktionen mit BPMN modellieren kann, wenn man die komplette Symbolpalette nutzt. So wurde Hilfe einiger speziellerer BPMN-Konstrukte dargestellt, dass für eine bestimmte Zeitdauer auf eine Nachricht gewartet wird. Trifft die Nachricht nicht rechtzeitig ein, so wird dieses Problem in dem Integrationsprozess behandelt, in diesem Fall durch eine Mitarbeiterin oder einen Mitarbeiter.

Der prozessgesteuerte Ansatz wurde unter anderem in einem größeren Projekt bei der Firma SAP eingesetzt, bei dem über 200 Prozesse automatisiert wurden (vgl. [StDa19]). Die erzielte Zeitersparnis gegenüber einem traditionellen Entwicklungsprojekt wurde von SAP auf etwa 75% geschätzt. Zudem wurden Verbesserungen hinsichtlich Prozesseffizienz, Benutzungserfahrung, Automatisierungsgrad, Flexibilität und Transparenz erreicht.

5.2 Business-to-Business-Integration

Beim Thema „Business-to-Business-Integration" handelt es sich um den aufeinander abgestimmten Einsatz verschiedener Technologien zur durchgängigen Unterstützung unternehmensübergreifender Prozesse.

Bislang endet die durchgängige Softwareunterstützung der Geschäftsprozesse häufig an den Unternehmensgrenzen. Die Kommunikation mit Geschäftspartnern erfolgt oft noch per Brief, Telefon oder E-Mail. Dies führt zu mehrfachen Datenerfassungen mit den entsprechenden Aufwänden, Verzögerungen und Übertragungsfehlern. Entsprechend groß ist das Optimierungspotenzial, das mit der elektronischen Anbindung der Geschäftspartner verbunden ist. Geschäftsdokumente wie Bestellungen, Auftragsbestätigungen, Rechnungen, Produktkataloge u. ä. können ohne Zeitverzug ausgetauscht werden, und die entsprechenden Daten lassen sich beim Partner direkt elektronisch weiterverarbeiten.

In manchen Branchen, wie z. B. bei großen Handelskonzernen oder in der Automobilbranche, tauschen die Zulieferer ihre Daten bereits seit langer Zeit elektronisch mit ihren Abnehmern aus. Hier gibt es jeweils dominierende Unternehmen, die ihren Partnern vorschreiben können, wie die Anbindung technisch funktioniert, wie die auszutauschenden Daten strukturiert sein müssen, usw.

Wo es keinen derart dominierenden Akteur gibt, stehen Unternehmen vor dem Problem, dass sie in der Regel sehr viele Geschäftspartner mit ganz unterschiedlichen Voraussetzungen haben. Die Systeme zweier Partner individuell miteinander zu koppeln ist aufwändig und daher nur bei Partnern sinnvoll, die sehr eng zusammenarbeiten und sehr spezifische Anforderungen haben.

Bei der individuellen Anbindung gilt es eine Reihe von Fragen auf unterschiedlichen Ebenen zu beantworten:

- Wie sollen die gemeinsam abgewickelten Geschäftsprozesse aussehen?
- Wie sieht die hierfür erforderliche Choreographie aus, d. h. welche elektronischen Dokumente müssen in welcher Reihenfolge ausgetauscht werden?
- Welche Anwendungen nutzen die beteiligten Partnerunternehmen? Welche Schnittstellen haben diese? Welche Anpassungen sind ggf. erforderlich?
- Welche Daten sollen ausgetauscht werden? Wie sehen die Datenstrukturen aus? Welche Konvertierungen sind ggf. erforderlich?
- Welche technischen Schnittstellen, Protokolle und Netzwerke werden genutzt?
- Wie wird die Sicherheit gewährleistet?

In Abbildung 45 wird die Choreographie für die Abwicklung eines Anzeigenauftrags als BPMN-Kollaborationsdiagramm gezeigt. Die einzelnen Partnerunternehmen sind als sogenannte Black-Box-Pools ohne die enthaltenen Prozesse dargestellt, da hier nur der Nachrichtenfluss im Fokus steht. Andererseits lässt sich hier nicht erkennen, dass manche Nachrichtenflüsse eventuell mehrfach oder nur unter bestimmten Bedingungen stattfinden. Erst wenn man sich den Prozess eines der beteiligten Partnerunternehmen ansieht, stellt man z. B. fest, dass Änderungswünsche mehrfach übermittelt werden können, oder dass eine fertige Anzeige nur übermittelt wird, wenn vorher ein Auftrag erteilt wurde.

Dieses Zusammenspiel von Prozessen lässt sich wiederum gut mit Hilfe von BPMN spezifizieren – und auch mit Hilfe einer Process-Engine ausführen (vgl. Abschnitt 3.3).

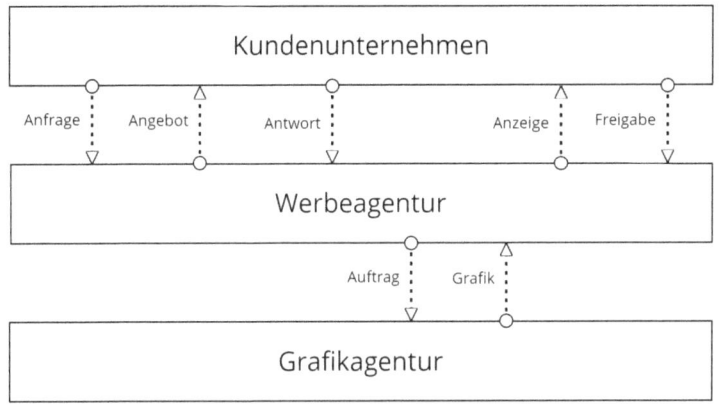

Abbildung 45: Ausgetauschte Nachrichten bei der Abwicklung eines Anzeigenauftrags

Abbildung 46 zeigt, dass der Prozess der Werbeagentur durch das Eintreffen einer Anfrage gestartet wird. Zunächst wird ein Angebot erstellt und an das Kundenunternehmen geschickt. Anschließend wird auf die Antwort gewartet. Ist sie eingetroffen, gibt es verschiedene Möglichkeiten. Enthält die Antwort eine Absage, so ist der Prozess beendet. Bei Änderungswünschen wird ein neues Angebot verschickt.

Hat das Kundenunternehmen den Auftrag angenommen, so wird ein Auftrag an eine Grafikagentur erteilt. Nach Eintreffen der Grafik legt die Werbeagentur die Anzeige dem Kundenunternehmen vor, das schließlich die Freigabe erteilt.

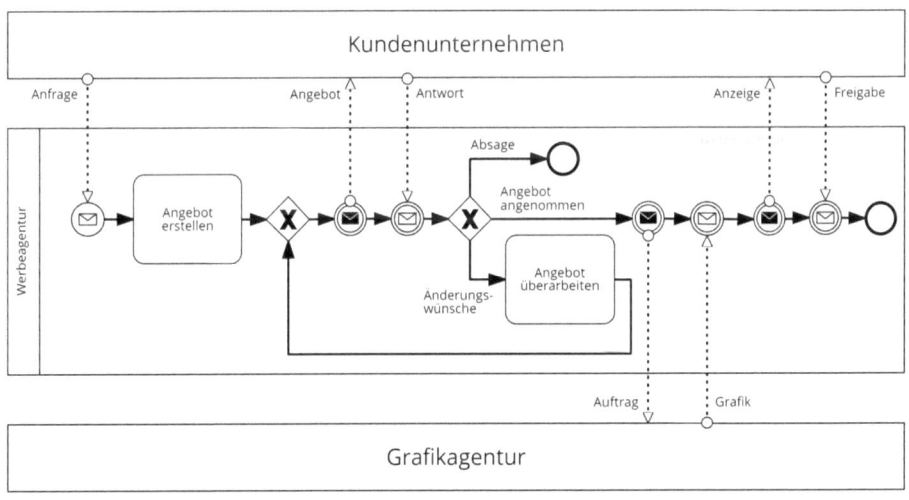

Abbildung 46: Choreographie mit aufgeklapptem Pool der Werbeagentur

Da hier nur die Logik des Nachrichtenaustausches interessiert und das Modell übersichtlich sein sollte, sind die meisten Arbeitsschritte, wie z. B. „Grafikauftrag erstellen", nicht explizit dargestellt.

Normalerweise nutzen die beteiligten Partnerunternehmen keine gemeinsame Process-Engine. Jedes Unternehmen führt nur seinen eigenen Prozess aus. Der Nachrichtenaustausch mit den Prozessen der Partnerunternehmen erfolgt dann über die Schnittstellen der Process-Engines. Die übergreifende Choreographie stellt für jedes Partnerunternehmen die Grundlage dar, auf der es sein individuelles Prozessmodell entwickelt. Wichtig ist, dass das vereinbarte Protokoll des Nachrichtenaustausches eingehalten wird. Wie die Nachrichten verarbeitet werden, bleibt jedem beteiligten Unternehmen selbst überlassen. So müssen auch nicht alle Beteiligten Process-Engines verwenden. Solange die Nachrichten so verarbeitet werden, wie es von den anderen Partnerunternehmen erwartet wird, kann dies auch hart programmiert sein oder durch eine Standardsoftware erledigt werden.

Bei der Zusammenarbeit mit den meisten Partnerunternehmen handelt es sich um typische Geschäftstransaktionen, wie Bestellungen und Lieferungen, die zwar durchaus komplex sein können, die aber meist innerhalb einer Branche relativ vergleichbar sind. Hierfür lassen sich einheitliche Standards definieren. Wenn solche e-Business-Standards existieren, können Softwarehersteller geeignete Schnittstellen bereitstellen. Hierdurch wird die Anbindung von Geschäftspartnern wesentlich einfacher und kostengünstiger.

Beispiele sind der vom Bundesverband Materialwirtschaft, Einkauf und Logistik (BME) entwickelte Standard BMEcat zum Austausch von elektronischen Katalogen (*www.bme.de/services/bmecat*) oder die Normen des BiPRO (Brancheninstitut für Prozessoptimierung) zur elektronischen Abwicklung von Geschäftsprozessen in der Versicherungsbranche (*www.bipro.net*). Solche Standards legen insbesondere die Datenstrukturen fest, aber auch das Protokoll, das beschreibt, welche Nachrichten in welcher Reihenfolge ausgetauscht werden.

In einigen Branchen haben sich auch elektronische Marktplätze etabliert. Hierbei handelt es sich um Dienstleister, die die elektronische Anbindung verschiedener Partner und die Abwicklung der Transaktionen über eine Plattform anbieten. Hierdurch müssen sich die einzelnen Unternehmen nicht alle individuell mit ihren zahlreichen Geschäftspartnern vernetzen, sondern nur mit dem elektronischen Marktplatz, über den sie mit allen anderen Marktplatzteilnehmern verbunden sind. Ein Beispiel ist der Marktplatz Covisint für die Automobilindustrie (*portal.covisint.com/web/103853/2*).

In manchen Szenarien ist es auch wichtig, durchgeführte Transaktionen zu dokumentieren und zu kontrollieren. Hierfür kann eine neutrale Stelle als Intermediär tätig werden. Beispielsweise kann eine Kaufsumme zunächst auf einem Sperrkonto hinterlegt und erst freigegeben werden, wenn der Käufer den Eingang der Ware bestätigt. Werden die entsprechenden Transaktionen elektronisch abgewickelt, so kann der Marktplatz auch als zentrale Stelle für die Protokollierung, Bestätigung und Freigabe von Transaktionen genutzt werden.

Als Alternative zu einer solchen zentralen Stelle können Transaktionen dezentral in einer Blockchain verwaltet werden. Dies wurde in Abschnitt 4.5 beschrieben.

Nachwort

Das vorliegende Buch hat einen grundlegenden Überblick über wichtige Technologien im Umfeld der Prozessautomatisierung gegeben. Es wurde versucht, die jeweiligen Grundprinzipien und die Wirkungsweise herauszuarbeiten.

Nicht immer lassen sich konkrete Systeme und Produkte ganz eindeutig einer der besprochenen Kategorien zuordnen. So erweitern die Hersteller ihre Produkte oftmals um Funktionalitäten anderer Produktkategorien. Beispielsweise gibt es betriebliche Standardsoftware, die eine Process-Engine integriert hat und damit auch Prozesse ausführen kann. Manche RPA-Systeme beschränken sich nicht mehr darauf, kleine Abläufe innerhalb eines Arbeitsschritts zu automatisieren, sondern ermöglichen auch eine übergreifende Prozesssteuerung. Und Process-Mining-Systeme übernehmen ein zunehmendes Aufgabenspektrum, wie z. B. die Ermittlung von Kennzahlen oder steuernde Eingriffe in die Prozessausführung.

Dies sind nur einige Beispiele für Systeme, die Funktionalitäten aus mehreren der beschriebenen Produktkategorien enthalten. Für die Beurteilung eines Softwareprodukts im Umfeld der Geschäftsprozesse muss man genau betrachten, welche Grundfunktionalitäten es konkret beinhaltet und wie gut diese abgedeckt sind. Meist wird man ein oder mehrere der in diesem Buch besprochenen Technologien entdecken.

Und obwohl diese Technologien ständig weiterentwickelt werden, gehen viele davon auf altbekannte Grundprinzipien zurück. So gab es schon lange bevor der Begriff „Robotic-Process-Automation" verwendet wurde, Automatisierungsskripte, die ein „Screen-Scraping" durchführten, also über Benutzungsoberflächen auf Daten zugriffen. Ebenso ist die automatisierte Auswertung von Entscheidungstabellen keine neue Erfindung.

Auch die Ausführung von Prozessmodellen mit Hilfe von Process-Engines gibt es schon seit langem. So wurde bereits 1993 die „Workflow Management Coalition" gegründet, die 1995 ein Workflow-Referenzmodell veröffentlichte [Ho95]. Die darin beschriebenen Komponenten und ihr Zusammenspiel finden sich im Wesentlichen auch noch in heutigen Business-Process-Management-Systemen.

Selbstverständlich unterscheiden sich die heutigen Systeme zur Prozessausführung von denen der neunziger Jahre. Z. B. werden moderne Web-Frontends und aktuelle Architekturstile wie Microservices und REST eingesetzt, es werden Cloudservices verwendet und Standardnotationen wie BPMN genutzt. Doch die grundlegende Arbeitsweise ist geblieben. Und auch bei künftigen Entwicklungen im Bereich der

Prozessautomatisierung ist zu erwarten, dass viele der hier besprochenen Technologien nach wie vor eine wichtige Rolle spielen werden.

Von daher wird ein Verständnis dieser Technologien und der zugrunde liegenden Prinzipien auch in Zukunft eine wesentliche Voraussetzung für die erfolgreiche Prozessautomatisierung sein.

Besonders spannend sind dabei die Entwicklungen, die sich durch die verschiedenen Anwendungsmöglichkeiten Künstlicher Intelligenz im Bereich des Managements und der Ausführung von Prozessen ergeben.

Literatur

[Al20a]   Allweyer, T.: BPMN 2.0 – Business Process Model and Notation.
           4. Auflage. Norderstedt 2020.

[Al20b]   Allweyer, T.: IT-Management. Norderstedt 2020.

[Br20]   Brettschneider, J.: Bewertung der Einsatzpotenziale und Risiken von
           Robotic Process Automation. In: HMD Praxis der Wirtschaftsinforma-
           tik 57, 2020, S. 1097-1110.

[DuRo21]   Dumas, M.; La Rosa, M.; Mendling, J.; Reijes, H.: Grundlagen des Ge-
           schäftsprozessmanagements. Wiesbaden 2021.

[Ga23]   Gadatsch, A.: Grundkurs Geschäftsprozess-Management. 10. Auflage.
           Wiesbaden 2023.

[GöMa23]   Götzer, K.; Maué, P.; Emmert, U.: Dokumenten-Management: Informa-
           tionen im Unternehmen effizient nutzen. 6. Auflage. Heidelberg 2023.

[HoWo03]   Hohpe, G.; Woolf, B.: Enterprise Integration Patterns. Boston 2003.

[Ho95]   Hollingsworth, D.: Workflow Management Coalition. The Workflow
           Reference Model. Hampshire 1995.
           https://wfmc.org//wp-content/uploads/2022/09/tc003v11.pdf (Zugriff am
           2.7.2023)

[Ke22]   Kempe, M.: Customer Journey in a Nutshell – Eine methodische Ein-
           führung. In: Butzer-Strothmann, K. (Hrsg.): Integriertes Online- und
           Offline-Channel-Marketing, Wiesbaden 2022. S. 79-110.

[KiHe17]   Kirchner, K.; Herzberg, N.: Ein CMMN-basierter Ansatz für Modellie-
           rung und Monitoring flexibler Prozesse am Beispiel von medizinischen
           Behandlungsabläufen. In: Barton, T.; Müller, C.; Seel, C. (Hrsg.): Ge-
           schäftsprozesse. Von der Modellierung zur Implementierung. Wiesba-
           den 2017, S. 127-145.

[KoFe20]   Koch, C.; Fedtke, S.: Robotic Process Automation. Wiesbaden 2020.

[KoKu20]   Kopperger, D.; Kunsmann, J.; Weisbecker, A.: IT-Servicemanagement.
           In: Tiemeyer, E. (Hrsg.): Handbuch IT-Management. 7. Auflage. Mün-
           chen 2020, S. 421-494.

[PuOh21]   Pufahl, L.; Ohlsson, B.; Weber, I.; Harper, G.; Weston, E.L Enabling
           Financing in Agricultural Supply Chains Through Blockchain. In:
           Brocke, J. v.; Mendling, J.; Rosemann, M. (Hrsg.): Business Process Ma-
           nagement Cases Vol. 2. Berlin 2021, S. 41-56.

[Ri19]   Riggert, W.: ECM – Enterprise Content Management. 2. Auflage. Wiesbaden 2019.

[RiFo21]   Richards, M.; Ford, N.: Handbuch moderner Softwarearchitektur. Heidelberg 2021.

[RüFr19]   Rücker, B.; Freund, J.: Praxishandbuch BPMN. 6. Auflage. München 2019.

[Ru21]   Ruecker, B.: Practial Process Automation. Sebastopol 2021.

[ScSe20]   Schmelzer, H.; Sesselmann, W.: Geschäftsprozessmanagement in der Praxis. München 2020.

[Si18]   Silver, B.: DMN Method and Style. 2. Auflage. Altadena 2018.

[Si20]   Silver, B.: CMMN Method and Style. Altadena 2020.

[StMü14]   Steinbrecher, W.; Müll-Schnurr, M.: Prozessorientierte Ablage. 3. Auflage. Wiesbaden 2014.

[St13]   Stiehl, V.: Prozessgesteuerte Anwendungen entwickeln und ausführen mit BPMN. Heidelberg 2013.

[StDa19]   Stiehl, V.; Danei, M.; Elliott, J.; Heiler, M.; Kerwien, T.: Effectively and Efficiently Implementing Complex Business Processes: A Case Study. In: Lübker, D.; Pautasso, C. (Hrsg.): Empirical Studies on the Development of Executable Business Processes. Cham 2019. S. 33-57.

Index

Über den Autor

Thomas Allweyer studierte Ingenieurwissenschaften an der Universität Stuttgart und der Brunel University in London. Er promovierte am Institut für Wirtschaftsinformatik an der Universität des Saarlandes in Saarbrücken zum Thema „Adaptive Geschäftsprozesse". Danach war er bei IDS Scheer (heute Software AG) als Produktmanager im Bereich der ARIS-Modellierungswerkzeuge und als Berater tätig. Es folgte eine Tätigkeit als Prozessmanager bei emaro, einem Joint Venture von Deutsche Bank und SAP. Seit 2001 ist er Professor für Unternehmensmodellierung an der Hochschule Kaiserslautern, Standort Zweibrücken.

Neben seiner Hochschultätigkeit ist er auch beratend tätig. Aktuelle Informationen findet man in seinem Blog *www.kurze-prozesse.de.*

Weitere Bücher des Autors:

- IT-Management –
  Grundlagen und Perspektiven für den erfolgreichen Einsatz von IT im Unternehmen.
  BoD, Norderstedt 2020. ISBN 978-3-7519-5240-8

- BPMN 2.0 Business Process Model and Notation –
  Einführung in den Standard für die Geschäftsprozessmodellierung.
  4. Auflage.
  BoD, Norderstedt 2020. ISBN 978-3-7504-3526-1

- BPMS – Einführung in Business Process Management-Systeme.
  BoD, Norderstedt 2014. ISBN 978-3-7357-4030-4